KB132298

조선
왕조
실톡

5
두 명의 왕비

| 무적핑크 지음 · YLAB 기획 · 이한 해설 |

위즈덤하우스

 『조선왕조실록』을 시작하며

위대한 『조선왕조실록』

— 이한

『조선왕조실록』은 유네스코가 지정한 세계기록유산이다. 세계가 인정할 만큼 훌륭하다는 뜻일 텐데, 사실 그 훌륭함이 그다지 피부에 와 닿지는 않는다. 집 앞에 있는 식당이 유명한 맛집이라고 해도 언제나 가까이 있었기 때문에 별다른 감상을 느끼지 못하는 것처럼 말이다.

한국은 기록의 역사가 깊은 나라가 아니다. 삼국시대 각 나라가 자신들의 역사서를 만들었다고는 하나 지금까지 전해지는 게 없고, 고려 때 쓰인 『삼국사기』는 솔직히 평가해 단출하다. 『고려사』는 그나마 공정한 역사를 적겠다는 세종의 집념 덕분에 수십 년이 걸려 완성되긴 했지만 『조선왕조실록』의 박력에 비하면 소박하다.

『조선왕조실록』은 일단 분량부터 압도적이다. 태조에서 철종까지, 25대 임금이 다스린 472년 동안의 기록이다. 고종과 순종을 합치면 더 길어지지만, 이 둘의 『실록』은 정리된 때가 일제강점기라는 이유로 『실록』으로 인정하지 않아야 한다는 주장도 있다. 권수로 따지자면 1,893권. 한국뿐만 아니라 전 세계를 뒤져도 이렇게 길고 흥미진진한 역사 기록을 찾기는 쉽지 않다.

대부분의 역사책들이 역사적 사건의 요약본이라면, 『조선왕조실록』은 실황 중계이자 녹취록이다. 왕, 신하, 사건이 있으며 이들이 서로 주고받는 대화를 몹시 생생하게 적고 있다. 『실록』을 읽고 있노라면 그 안의 내용이 수백 년 전의 일이 아니라 바로 눈앞에서 펼쳐지는 듯 생생하다. 한 문제에 대해 말하는 사람, 수긍하는 사람, 반대하는 사람이 각각 존재한다. 날짜가 지나며 사건이 커지기도 하고 엉뚱하게 번지기도 하며 어떤 경우에는 묻혔다가 갑자기 툭 튀어나오기도 한다. 힘없는 백성들의 일도 실려 있으며 때로는 각 지역의 특산물과 지리까지 기록되어 있다. 수많은 결의 파도가 넘실대는 바다라고나 할까? 너무도 방대하여 읽다 보면 때로는 길을 잃어버리기도 하고, 이것과 저것을 분간하기 어려워질 때도 있지만 그렇기에 너무도 많은 진실을 담고 있는 바다이다.

이런 『실록』을 만들어내기 위해 조선 사람들은 엄청난 공을 들였다. 먼저 사초를 작성하는 것부터 시작한다. 사관은 언제 어디서나 보통 두 사람이었는데, 한 사람의 기억력은 불완전하기도 하며 개인의 사관이나 정치적 의견 때문에 기록을 곡해할 가능성이 있었기 때문이다. 그렇게 정리한 사초들을 '임금도 못 보게' 비밀리에 보관해 두었다가 왕이 죽고 나면 본격적인 정리에 들어갔다. 실록청이 만들어지고, 정승이 총재를 맡으며 대제학을 비롯한 당대의 글 잘 쓰는 사람들이 모두 모여들어 편수관이 되었다. 기존의 사초는 물론이거니와 『승정원일기』, 경연의 기록을 더하고, 여기에다가 개인의 문집까지 모두 긁어와 비교하고 궁리하고 정리한 끝에 『실록』이 만들어졌으니 어마한 규모의 작업이었다.

『실록』 정리에 참여하는 것은 고되긴 했어도 굉장히 영광스러운 일이었고, 실제 편수관에 참여한 사람들 중에는 지금까지도 유명한 사람들이 꽤 많다. 그래서 『실록』에는 더욱 큰 권위가 생겼고 사관들은 긍지와 고집, 신념을 품고 자신의 일에 몸을 던질 수 있었으며 조선은 훌륭한 역사 기록을 가지게 되었다.

이렇게 심혈을 기울였어도 사람이 하는 일이다 보니 문제가 생길 때도 있었다. 이를테면 『선조실록』은 북인 정권인 광해군 때 만들어졌기에 남인과 서인에게 적대적이다. 그 정도가 너무 심했기에 광해군이 몰락한 뒤 새로 정리되었으니 이것이 『선조수정실록』이다. 여기서 주목해야 할 점은 공정성에 문제가 생긴 기록이라 해서 이전 것을 깡그리 없애지 않고 고스란히 남겨 두었다는 점이다. 그래서 후대의 연구자들은 고치기 전의 것과 고친 후의 것이 어떻게 다른지를 살펴볼 수 있었고, 이런 과정을 통해 그 시대를 더 깊이 이해할 수 있게 되었다. 무엇보다도 『실록』이 있기에 지금 이 책도 나올 수 있게 되었으니, 이 얼마나 고마운 일인가.

조각조각 쪼개어진 조선

- 이한

왜란과 호란의 시대가 끝나고 조선은 차츰 전쟁의 상처에서 회복하게 되었다. 나라가 망해도 이상하지 않았던 시기에서 회복한 것은 다행스럽고 놀라운 일이었지만 후유증은 여전했다. 무엇보다도 왕의 권위가 바닥에 떨어졌다. 백성들을 버리고 도망간 임금, 쫓겨난 임금, 오랑캐에게 항복한 임금이 줄줄이 이어졌으니 사람들 마음이 왕을 떠난 것도 당연한 일이었다. 체면을 구긴 조선 왕실은 유학의 지도자인 산림들에 기를 못 펼 정도로 권위가 바닥을 기고 있었다.

그 와중에 조선 역사상 최대의 논쟁인 예송논쟁이 벌어졌다. 현대 사람들에게 예송논쟁은 상복을 얼마나 입느냐 하는 문제로 싸운 사소하고 쓸데없는 논쟁으로 여겨지기 일쑤다. 하지만 이 논쟁의 핵심은 상복이 아니라 효종 이후의 왕가가 적통인가 아닌가에 있었다. 인조는 원칙을 무시하고 소현세자의 아들, 즉 세손 대신 둘째 아들 효종을 다음 왕으로 세웠다. 효종이 적장자가 아닌 것은 사실이었지만, 그렇다고 효종의 후손으로서 왕위를 이은 이후 조선의 왕들에게 "너희들은 적장자가 아님"이라는 딱지는 굉장히 자존심 상하는 것이었다. 그러나 산림을 비롯한 신하들의 세력이 강력한데다가 어쨌든 원칙을 내세웠기에 체면이 구겨져도 강하게 제지할 수 없었다. 절차를 무시하고 억지로 일을 성사시키면 언젠가 반드시 문제가 생긴다는 역사적인 사례이다.

인조의 후손들은 인조가 버려놓고 간 쓰레기에 둘러싸인 형편이 되었고, 왕은 물론 조선의 신하들도 이 논쟁에 휘말리게 되었는데, 싸움이란 게 늘 그렇듯 하다 보면 감정이 상하게 된다. 말다툼이 미움이 되고, 미움이 증오가 되며, 증오는 정치적 보복으로 이어지게 되었다. 이 시대의 정치적 대립은 '환국'이란 말로 대변된다. 이전까지는 당파싸움이 벌어진다 해도 진 쪽이 벼슬자리에서 내쫓기거나 귀양을 떠나는 정도였다. 그러나 이 시대에 들어서는 이긴 쪽이 진 쪽을 죽이는 분위기가 형성된다. 그렇게 반대파를 몰살시키고 정권을 잡고 몇 년이 지나면 또 환국이 벌어져서 이전에 죽임 당했던 사람의 친척이나 지인들이 요직에 올라 복수를 하려 들었다. 그 다음에 또 환국이 벌어졌다.

왜 이리 치열하게 싸워댔는가? 싸움과 보복이 거듭되며 점점 막장으로 치달았기 때문도 있으며, 또 다른 중요한 요인 하나는 이들의 싸움을 부추긴 사람이 있었다는 것이다. 흔히 장희빈과 인현왕후와의 삼각관계로 잘 알려진 숙종은 세 번의 환국을 벌이고 그 처분을 통해 남인과 서인, 노론과 소론끼리의 싸움을 붙인 왕이기도 하다. 왕비가 되었다가 쫓겨났다가 결국은 죽임까지 당한 장희빈과 인현왕후의 스토리처럼, 당파들 역시 숙종의 선택에 따라 정권을 얻었다가 잃었고 숙청당하기를 반복했다. 이렇게 환국이 서너 번씩 거듭되자 남아 있는 사람들이 없다시피 해져 신하들의 세력이 약해졌고 상대적으로 왕권이 강해지게 되었다.

그리하여 인조 이래 처참히 바닥으로 가라앉았던 왕권이 어찌 되었건 강력해지게 되었다. 그런데 이게 좋은 일이었을까? 숙종은 신하들의 눈치를 보지 않고 자기가 하고 싶은 일을 마음대로 결정할 수 있게 되었지만 조선 조정은 당파별로 조각조각 갈라져 서로 힘을 합치는 것을 상상도 할 수 없는, 서로를 증오하기만 하는 정부가 되었다. 그의 자식들도 예외가 아니었다. 경종과 연잉군(훗날의 영조)은 서로 다른 당파의 지지를 받아 대립하게 되었고, 경종의 치세에도 환국 및 정치적 숙청은 계속되었으니 세상에는 증오와 미움만이 가득했다.

허구한 날 싸우고 당장 내일 목이 날아갈지 모르는 상황에서 어느 누가 진심으로 나랏일을 챙길 수 있겠는가? 다행히 대동법이 널리 시행되면서 경제 상황은 크게 나아지고 화폐도 사용되기 시작했지만, 그와 동시에 부당한 세금을 억지로 물려 백성들을 쥐어짜는 폐해가 크게 늘어나게 되었다. 경신대기근, 을해대기근 같은 자연재해가 벌어지며 당장의 민생 문제 해결이 시급했지만 정치 싸움의 격랑에 휩쓸린 관리들은 백성들의 일에 관심을 기울이지 않았다. 더 이상 이대로는 안 되겠다고 생각한 영조가 왕위에 오르면서 마침내 탕평의 시기가 펼쳐지게 된다.

무적핑크(변지민)

작가의 말

무적핑크(변지민)

안녕하세요, 무적핑크입니다.

웹툰에 이어 책 1권「조선 패밀리의 탄생」, 2권「조선 패밀리의 활극」, 3권「조선백성실톡」, 4권「뿔뿔이 흩어진 조선 패밀리」에 이어, 드디어 5권! 여러분을 다시 뵙게 되어 정말 기쁩니다.

임진왜란과 병자호란이라는 큰 사건을 겪은 후, 조선은 크게 흔들렸습니다. 백성들은 더더욱 가난해졌고, 왕실은 권위를 잃었습니다. 임금에게 실망한 선비들이 벼슬을 버리고 우르르 고향으로 내려가 버린 탓에 "과거시험 일부러 안 보겠다는 고약한 놈들을 벌주어라"는 어명이 떨어지는 기현상도 일어났지요. 요즘으로 치자면, 고시생들이 "임금 밑에서 일하기 싫다!"며 고시를 거부하는 것이니 왕으로서는 얼마나 창피했겠어요?

이번 '현숙경' 패밀리는 그런 시대를 살아갑니다. 땅에 떨어진 이미지를 회복하기 위해 고군분투하지요. 가난한 백성들을 위해 세금체계를 뜯어 고치고, 지방 곳곳에서 학문을 떨치던 선비들에게 "나 좀 도와줘"라며 애걸복걸하기도 합니다. 하지만, 나라에 지존이 둘일 수 없는 법. 한껏 어깨가 넓어진 신하들은 임금을 가르치려 들고, 왕은 "어어? 이놈들 봐라?" 하며 거기에 반발하는데요. 과연 이 파워게임의 승자는 누구일까요? 아니, 승자가 있기는 할까요?

네이버에서 연재중인 〈조선왕조실톡〉은 옴니버스 웹툰이지만, 책에서는 읽는 분들의 편의를 위해 원고를 시대순으로 재정리하고, 왕 27명을 테마별로 묶어 가족 시트콤으로 만들었습니다. 무미건조한 "태정태세문단세……"가 아닌, 아빠와 아들, 아내와 남편, 삼촌과 조카로서 살아간 조선 왕들의 일상을 생생히 엿보시기 바랍니다. 또한 만화에 곁들여진 멋진 글 〈실록 돋보기〉가 여러분께 재미는 물론 알찬 지식도 선물해 드릴 것입니다.

이 책과 이 책 속의 사람들이, 여러분의 좋은 친구가 되기를 바랍니다.

즐거운 대화시간 가지시길 빕니다.

P.S. 묘호는 왕이 승하한 후 붙이는 이름이지만, 책에서는 편의상 서로 묘호로 부릅니다. (예:세종, 태종)

차례

 1부 현종

2부 숙종

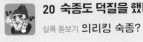
 3부 경종과 연잉군

조선시대 그분들의
시시콜콜 사는 이야기

인생 살다 보면
별일이 다 일어난다.

그러니까 이런 일도
일어날 수 있다고 생각한다.

어느 날 갑자기
모르는 사람이 나를 친추했다.
구 가

그리고 갑자기 쏟아지는
친구신청 알람.

놀라서 친구목록을 확인한 나는,
쯤 놀랐다.
아니 많이 놀랐다.

어느 날 갑자기 메신저로 찾아온,

조선시대 그분들의
시시콜콜 사는 이야기

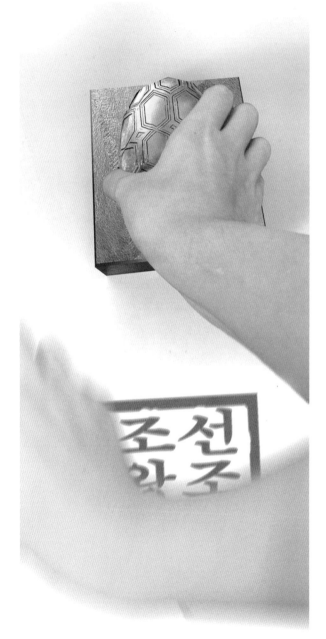

시작합니다.

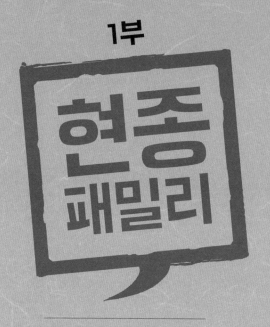

1부

현종 패밀리

현종 1659~1674년 재위

01

예송논쟁 비긴즈
~ 인조의 꼬마신부 ~

👤	**인조**	술땡겨
👤	**자의대비**	ㅜㅜ
👤	**봉림대군** (훗날의 효종)	토닥토닥^^;

**1638년 인조 16년,
한양.**

하나요 어느 홀아비

지이잉

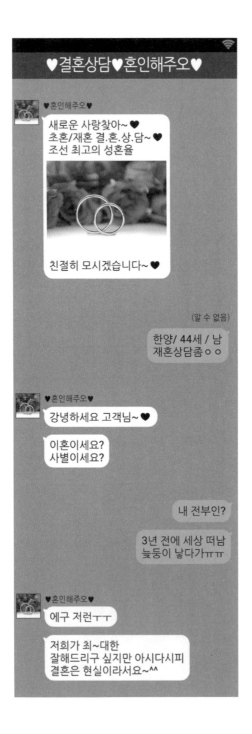

♥결혼상담♥혼인해주오♥

♥혼인해주오♥

새로운 사랑찾아~ ♥
초혼/재혼 결.혼.상.담~ ♥
조선 최고의 성혼율

친절히 모시겠습니다~ ♥

(알 수 없음)

한양/ 44세 / 남
재혼상담좀ㅇㅇ

♥혼인해주오♥

강녕하세요 고객님~ ♥

이혼이세요?
사별이세요?

내 전부인?

3년 전에 세상 떠남
늦둥이 낳다가ㅠㅠ

♥혼인해주오♥

에구 저런ㅠㅠ

저희가 최~대한
잘해드리구 싶지만 아시다시피
결혼은 현실이라서요~^^

조선왕조실톡

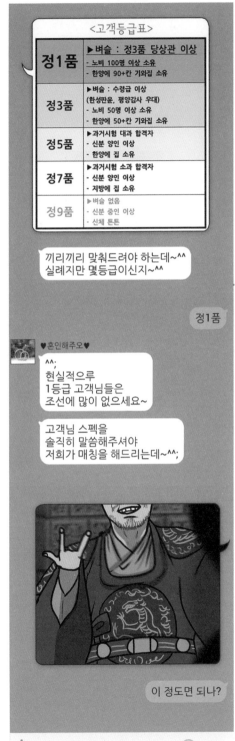

<고객등급표>

정1품	▶벼슬 : 정3품 당상관 이상 - 노비 100명 이상 소유 - 한양에 90+칸 기와집 소유
정3품	▶벼슬 : 수령급 이상 (한성판윤, 평양감사 우대) - 노비 50명 이상 소유 - 한양에 50+칸 기와집 소유
정5품	▶과거시험 대과 합격자 - 신분 양인 이상 - 한양에 집 소유
정7품	▶과거시험 소과 합격자 - 신분 양인 이상 - 지방에 집 소유
정9품	▶벼슬 없음 - 신분 중인 이상 - 신체 튼튼

끼리끼리 맞춰드려야 하는데~^^
실례지만 몇등급이신지~^^

정1품

♥혼인해주오♥

^^;
현실적으루
1등급 고객님들은
조선에 많이 없으세요~

고객님 스펙을
솔직히 말씀해주셔야
저희가 매칭을 해드리는데~^^;

이 정도면 되나?

+   😊 전송

그는 바로
16대 임금 인조였다.

[악플계의 아이돌, 인조]

2년 전 병자호란에서
처참하게 항복한 이후,

욕 실컷 먹으며
궁궐에서 자숙 중이었는데.

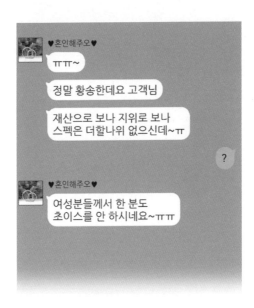

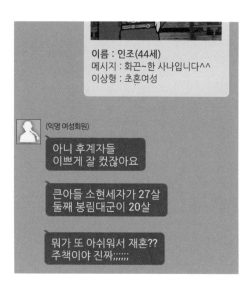

이름 : 인조(44세)
메시지 : 화끈~한 사나입니다^^
이상형 : 초혼여성

(익명 여성회원)

아니 후계자들
이쁘게 잘 컸잖아요

큰아들 소현세자가 27살
둘째 봉림대군이 20살

뭐가 또 아쉬워서 재혼??
주책이야 진짜;;;;;;

심지어 백성들에게
뼈아픈 조롱까지 당했으니.

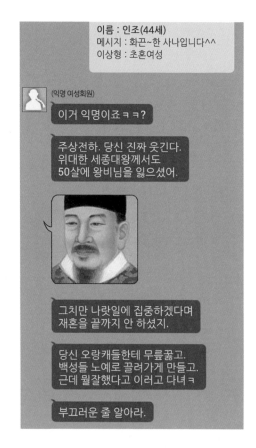

이름 : 인조(44세)
메시지 : 화끈~한 사나입니다^^
이상형 : 초혼여성

(익명 여성회원)

이거 익명이죠ㅋㅋ?

주상전하. 당신 진짜 웃긴다.
위대한 세종대왕께서도
50살에 왕비님을 잃으셨어.

그치만 나랏일에 집중하겠다며
재혼을 끝까지 안 하셨지.

당신 오랑캐들한테 무릎꿇고.
백성들 노예로 끌려가게 만들고.
근데 뭘잘했다고 이러고 다녀ㅋ

부끄러운 줄 알아라.

결국 후보가 아무도 없어,
인조가 선택한 것은

너무나 어린 소녀
장렬(자의)왕후.

[속보] "자그마치 29살 차이"

주상(44세)이 15살 소녀와 재혼했다.

새 왕비 자의왕후는 겨우 15세.
큰아들 소현세자(27세)보다 12살 어리고,
둘째아들 봉림대군(20세)보다도 5살이 어려….

네티즌 덧글 (1638개)

┗막*쇠님 : 이거 변태아냐;;;;;;;;;;;;;

┗꽃*님 : 중전마마 애기네 애기;;;;;;;;;;;;;;

┗과*합격님 : 어른들 눈치 엄청 보겠다ㅜㅜ;;;;;

부끄러운 줄은 알았는지,
인조는 자의왕후를
본척만척했는데.

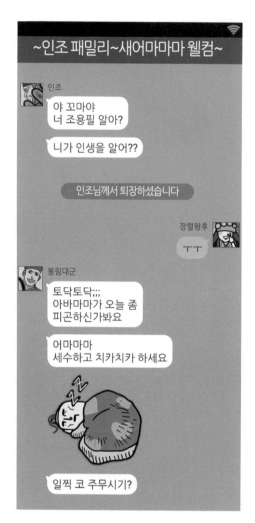

누가 알았을까.

이 외로운
15세 급식이 왕비가

조선 후기 역사를
들었다 놨다 하게 될 줄을…….

(예송논쟁 리턴즈에서 계속)

한다. 그리하였다고

끝.

정사 正史

실록에 기록된 것

- 인조, 병자호란이 일어나기 직전 아내 인열왕후를 산후독으로 잃다.
- 병자호란이 일어나 패배하다. 인조의 아들 소현세자, 봉림대군 청나라로 끌려가다.
- 그로부터 2년 뒤, 인조, "중전 자리가 비었으니 처녀를 간택하라." 명 내리다. 그러나 아무도 입후보하지 않다. 심지어 딸을 숨기다.
- 인조, 각종 혜택을 주나 그래도 여성들이 입후보하지 않다.
- 15세 장렬왕후, 인조의 계비가 되다. 얼마 후 소현세자 죽고, 봉림대군 이 그나마 살갑게 챙겨주다.
- 봉림대군, 효종이 되다. 새어머니 장렬왕후(자의대비) 정성껏 모시다.
- 그랬던 효종이 사망하다. 자의대비, 슬픔에 빠지다. 어떤 상복을 입을 지 논란 일다.

참고

- '자의'는 인조가 죽고 붙은 호칭.

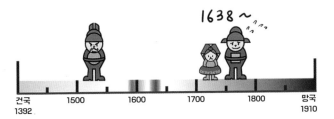

1638 ~

건국   1500   1600   1700   1800   망국
1392   1910

그들은 왜 싸웠을까

예송논쟁이라는 말을 들으면 가장 먼저 떠오르는 이미지는 '옷 입는 방법 때문에 벌어진 쓸데없는 싸움박질' 아닐까. 당시 조선은 아직도 전쟁의 상흔에서 벗어나지 못해 고통받고 있었다. 그런 와중에 겨우 옷을 어떻게 입느냐를 놓고 싸우다니. 현대인들의 눈에는 황당해 보인다.

알고 보면 이 모든 원인은 효종이 둘째 아들로 적장자가 아니었던 데 있다. 효종이 적장자라면 자의대비는 3년 동안 상복을 입어야 했고, 서자(첩의 아들이 아닌, 둘째 이하 아들들을 말하기도 한다)라면 1년 동안 입어야 했다.

그런데 왜 이것이 '새삼스레' 문제가 되었을까? 따지고 보면 그때까지 조선의 왕계가 반드시 적장자에게 이어진 것은 아니었다. 세종대왕은 셋째 아들이었고, 세조는 두 말할 것도 없고, 성종은 예종의 둘째 조카였다. 선조도 셋째였고 둘째였던 광해군도 있다. 이렇게 본다면 오히려 적장자가 드문데 왜 갑자기 효종 때만 야단이 났던 것일까?

여기에는 정치적 배경이 존재한다. 소현세자의 후손들이 아직 살아 있었고, 이후로도 계속 소현세자의 후손들을 '진짜' 왕으로 삼자는 반란이 일어났던 것이다. 따라서 예송논쟁은 자의대비가 옷을 입고 말고의 문제가 아니라, 왕의 정통성을 인정하느냐 마느냐의 문제였다. 싸움의 명분은 상복이었지만 논쟁에 숨은 핵심은 "효종은 정통성이 있는 왕이다", "효종에게는 정통성이 없다"라는 두 가지 주장의 충돌이었다.

사태의 근원을 쫓아가면 인조 때로 거슬러 올라간다. 인조가 미워했던 소현세자가 죽고, 인조는 손자들을 왕으로 삼고 싶지 않아 여러 부침을 무릅쓰고 둘째 봉림대군에게 왕위를 물려주었다. 그 과정이 순탄치는 않았다. 그리고 수단방법 가리지 않고 억지로 밀어붙인 일은 언젠가 꼭 부메랑이 되어 돌아오기 마련이다.

인조는 민회빈 강씨를 죽일 때도, 봉림대군을 후계자로 세울 때도 자신들의 측근들을 시켜 밀어붙였다. 그 측근은 모두 반정공신이었고 그 중에서도 구린 데 많은 김자점 같은 사람들이 선두에 섰다. 같은 반정공신이라도 입바른 소리 하는 최명길 같은 사람들은 찬밥 신세로 만들어 무시했다. 그렇게 올바른 절차를 거치지 않고 어거지로 목적을 달성했다.

백성들은 이런 인조를 막을 힘이 없었다. 민회빈 강씨가 뻔히 억울한 이유로 사약을 받았을 때도, 소현세자의 세 아들이 제주도로 귀양을 가서 차례로 죽어갔을 때도 당연히 막을 수 없었다. 하지만 이 모든 비극과 잘못된 일들을 모두 기억하고 있었고, 잊혀지지 않은 채 시간이 흘러 인조의 후손들에게 돌아온 것이다. 너희는 왕일지언정 적장자가 아니라는 낙인이 그것이다.

물론 효종이나 현종에게는 억울한 일일 수 있다. 소현세자가 정말로 아버지 인조에게 독살당했든 그렇지 않았든 두 사람이 동참했을 리는 없다. 즉 본인들의 잘못은 없었다. 이왕 일이 이렇게 된 것, 적장자로 인정해주면 왕으로서 체면도 서고 모두 평화로웠을 것이다. 하지만 서인들은 그런 왕의 편을 들지 않았다. 왕의 편에 선 남인들은 논리적이라기보다는 감정적이었다.

자의대비는 꿔다 놓은 보릿자루처럼 지내고 있었다. 그런 그녀가 상복을 얼마나 입느냐라는 사소한 문제로 치열하게 싸웠던 진짜 원인은 어쩌면 사람들의 부채의식 아니었을까. 억울하게 죽어간 소현세자와 그 가족들을 구할 수는 없었지만 효종을 적장자로 만들어 그들을 아예 없는 존재로 만들어버리는 것만은 차마할 수 없었던 것일지도 모른다. 또 한편으로는 이런 일에 휘말린 효종과 현종을 가엾다고 여긴 이들도 논쟁에 참여했을 것이며, 그런 사람들의 주장은 감정적일 수밖에 없었다.

현종이 예송논쟁 문제를 물어봤을 때 산림 송준길은 "3년복은 소현세자가 죽었을 때 입었어야 했습니다"라고 말했다. 인조는 소현세자가 죽었을 때 상복을 달랑 일주일 입었다. 그럼에도 아무도 이를 막지 못했고, 그때부터 사람들은 부채감을 갖게 되었을 것이다. 인조의 이기적인 행동이 남긴 불씨는 결국 후대에 커다란 불꽃이 되어 버렸다.

조선
왕조
실록

02

예송논쟁 리턴즈
~효종의 죽음~

효종	(사망)	
현종	아바마마ㅠ	
송시열	(근엄)	

하나요 효종의 죽음

1659년 5월,
17대 왕 효종이 죽었다.

그 뒤를 이은 것은
18대 왕

'현종顯宗'
[1641~1674]

헐렁...

당시 현종 나이
겨우 19세.

하지만
슬퍼할 틈도 없이,

돌아가신 아빠를 대신해
어른 흉내를 내야 했는데.

현종님께서 입장하셨습니다.

초보왕데뷔 ♥ 현종

예판

앞으로 할일 써봤ㅎ는데요

< 할 일들 >
① 아바마마께 칩 놔서
  돌아가시게 만든 어의들
  감옥 쳐넣기

② 아바마마 묻을 묘지 정하기

③ 즉위(식)때 죄인들 풀어주기

나 까먹은 거 있나 좀 봐주세요

 예조판서

ㅇㅇ넴

예 차분히 잘 적으셨네요

ㅎㅎ;
다행이다

 예조판서

이제 앞으로 입고 다니실
상복만 주문하시지요ㅇㅇ

그럼 대충 바쁜일 끝입니다
토닥토닥

네ㅋㅋ;

전송

둘이요

할머니꺼 상복

어린 현종에게는
어머니와 누나들,
그리고 여동생들이 있었다.

하지만
제일 먼저 챙길 사람은,
역시 최고 어른인

할머니
'자의대비'

[속보] "자그마치 29살 차이"

주상(44세)이 15살 소녀와 재혼했다.

새 왕비 자의왕후는 겨우 15세.
큰아들 소현세자(27세)보다 12살 어리고,
둘째아들 봉림대군(20세)보다도 5살이 어려….

너무 어린 나이에
할아버지(인조)와 결혼해,

할머니래봤자
이제 겨우 36세이긴 했는데.

초보왕데뷔 ♥ 현종

저 아바마마 돌아가셨는데요

할마마마 입으실 상복 견적좀요

 정성으로 모시는 조선상조

고인의 명복을 빕니다(_ _)

상품들 이렇게
준비돼있습니다.

최고급형
참최복

▶ 3년간 착용(3년상)
▶ 살 쓸리는 거친 옷감, 실밥 튀어나옴.
▶ 왕 등 최고존엄 사망시, 첫째아들 사망시

고급형
기년복

▶ 1년간 착용
▶ 그나마 부드러운 옷감 사용, 실밥 덜 보임.
▶ 둘째아들 사망시

헛 신기하다.

왜 썩은 옷이 더 비싸요?

현종은 당장
똑똑이 신하들을 불렀다.

"어떤 상복 사야 돼요?"

세이요 3년? 1년?

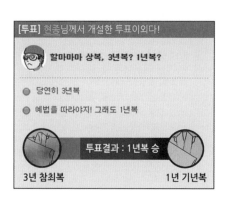

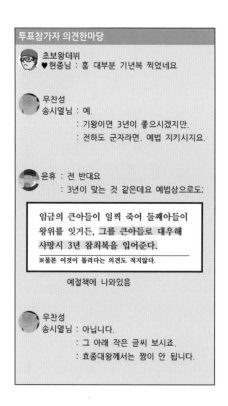

효종대왕께서는 짬이 안 됩니다

"현종 : 뭐?"

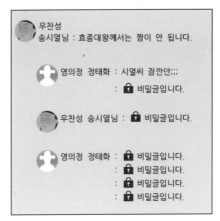

#긴급회의 #제정신이니_너

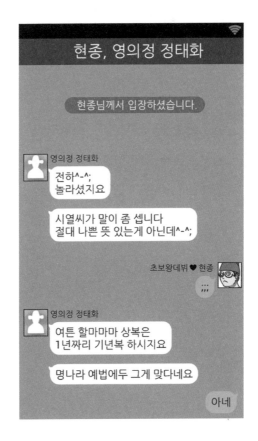

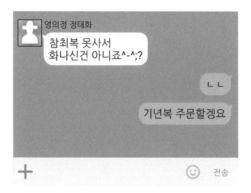

이 해프닝은 이렇게
평화롭게 끝났다.

아니, 끝난 줄로만 알았다.

효종대왕께서는 짬이 안 됩니다

효종대왕께서는 짬이 안 됩니다

효종대왕께서는 짬이 안 됩니다

하지만 얼마 후,

미끼를 덥썩 물어버린 자가
칼바람을 몰고 왔으니······.

(예송논쟁~허목나이트~에서 계속)

실록에 기록된 것

- 예조, 현종에게 묻다. "자의왕대비(慈懿王大妃)가 대행 대왕을 위하여 입을 복제(服制)가 『오례의』에는 기록되어 있는 곳이 없습니다. 혹자는 당연히 3년을 입어야 한다고 하고, 혹자는 1년을 입어야 한다고 하는데, 상고할 만한 근거가 없습니다. 대신들에게 의논하소서."
- 신하들, 1년복을 많이 주장하다.
- 송시열, 1년복에 찬성하다. 소현세자가 맏아들이었으므로 둘째 아들인 봉림대군(효종)의 장례에는 1년복이 맞는 듯싶다고 하다. 그러나 효종을 "체이부정(자리는 이어받았으나 적장자는 아님)"이라고 설명한 점을 걱정해 영의정이 송시열 말을 가로막다.
- 현종, 지독하게 눈이 나빠 거의 장님 수준이었다고.

기록에 없는 것 픽션

- 정성으로 모시는 상조보험회사는 아직 없었다.

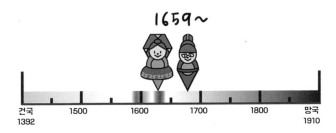

1659~

건국 1392   1500   1600   1700   1800   망국 1910

1차 예송논쟁

1659년(효종 10년) 5월 4일, 효종은 갑작스레 세상을 떠난다. 그러자 장렬왕후(자의대비)의 상복 문제가 논란이 되었다. 송시열을 비롯한 산림들과 영의정 정태화, 좌의정 심지원, 원평부원군 원두표 등은 장렬왕후가 둘째 아들을 위한 상복을 입어야 한다고 보고 1년복으로 결정했다. 그렇게 아무 일 없이 정해지는가 했지만, 다른 산림이던 윤휴는 3년복을 주장했다. 윤휴는 당파가 멸종 직전의 북인으로, 3년복을 주장한 이유는 간단했다. 효종은 왕이었으니까.

정태화는 앞으로 벌어질 폭풍을 예감이라도 했는지 몰래 송시열을 불러다가 사정을 이야기했고, 송시열은 중국의 경전 『의례儀禮』를 인용해 아무리 대를 이었어도 3년복을 입을 수 없는 사례가 있다고 말했다. 이런 말까지 해가며 말이다.

"인조에게는 소현세자의 아들이 적손이고, 효종은 체이부정體而不正입니다."

체이부정이란 말을 해석하자면 '서자庶子가 후사를 이었을 경우'란 말이다. 이 말이 송시열 입 밖에 나온 순간 정태화는 놀라 손을 휘젓기까지 했다. 홍길동이 서자인 자신의 신세를 한탄하며 무엇이라 했던가. 조선에서 서자란 아버지를 아버지라 부르지 못하는 신세였고, 아버지는 양반이지만 어머니의 신분이 천해서 양반도 뭣도 아닌 이들이었다. 그러나 『의례』가 쓰인 먼 옛날, 서자는 그저 '큰아들을 제외한 다른 아들들'이었고 송시열은 물론 이런 뜻으로 쓴 것이었다. 그렇다고 해도 송시열은 효종을 서자라고 말한 무례를 범한 것이다.

정태화는 송시열의 입에서 더 위험한 말이 튀어나오기 전에 "『경국대전』대로 하자!"라고 급하게 수습했다. 『경국대전』에는 첫째, 둘째 상관없이 모두 공평하게 1년복만 입는 것으로 되어 있었다. 그렇게 1년복으로 정해지는 듯했다.

잘 끝나나 했지만 10개월이 지난 현종 1년 3월 16일, 남인이자 상례喪禮 전문가였던 허목이 상소를 올리면서 1차 예송논쟁의 서막이 오르게 된다. 그는 『의례주

『少儀禮注疏』를 인용해 "적자 서자 따지는 건 신하들이나 하는 거지 왕은 아니거든!" 이라고 주장하며 왕위를 이은 효종이 적장자라고 보고 3년복을 주장했다. 이런 주장은 옳고 그른 것을 떠나 현종의 귀에 솔깃했을 것이고, 이 문제는 예조로 넘어가게 된다.

송준길이 "아니, 애가 죽을 때마다 3년복 입으면 부모는 상복 벗을 날이 없을 텐데요?"라며 그래도 온건하게 1년복을 주장하자, 허목은 "뭔 소리야, 중요한 건 대를 잇는 거지 첫째이고 둘째인 건 상관없거든!"이라며 또 반박했다. 허목은 각종 그림과 도표까지 곁들여 알기 쉬운 프레젠테이션을 만들어 왜 3년복을 해야 하는지에 대한 브리핑까지 했다.

이쯤 되자 다시 예송논쟁은 뜨겁게 달아올랐다. 1년복이 옳은가, 3년복이 옳은가! 곧 효종이 죽은 지 1년이 되고, 1년복일 경우 자의대비는 곧 상복을 벗어야 했기에 이 논쟁은 그 전에 결론이 나야 했다. 허목의 주장이 옳다고 생각하는 사람들이 늘어났고, 논쟁은 절정으로 치달았다. 송시열은 다시 냉철한 분석과 풍부한 자료, 그리고 전혀 타협하지 않는 옹고집으로 허목이 내세운 논리의 취약성을 반박하며 조선의 실정에 맞는 1년상을 주장했다.

그러던 4월 18일, 남인이자 효종의 스승이기도 했던 윤선도가 송시열을 맹공하는 상소를 올린다. 지국총 지국총 어사와, 고기를 잡는 평화로운 풍경을 읊은 유명한 〈어부사시사〉를 남긴 그는 정작 유유자적한 삶과는 아주 거리가 먼 타고난 키보드, 아니 붓 워리어였다. 승지들은 윤선도의 상소를 보고 놀라서 임금에게 읽지 말라고 권했고, 현종은 상소를 읽지 않고 불태워 버리고 윤선도는 귀양 보냈다. 이렇게 보면 송시열의 수하인 서인들이 일부러 자기들의 정치적인 입지를 위해 윤선도의 상소문을 태워 버리라고 조장한 것 같지만, 『실록』에 남아 있는 윤선도의 상소를 읽으면 예나 지금이나 어떤 주장을 하든 인신공격은 보기 좋지 않다는 것을 알 수 있다.

이후 예송논쟁은 감정싸움으로 번졌다. 김수항을 비롯한 서인들은 "흉물스럽고 방자하고 음흉하고 간특한" 윤선도를 죽이자고까지 주장했다. 윤선도가 거친 상소를 올렸기로서니 그것만으로 죽는 것은 말도 안 된다. 남인이자 송시열과 친척이기도 했던 권시가 여론이 불공평하다며 나쁜 점은 버리더라도 좋은 점은 안고 가자고 윤선도를 옹호했다가 벌떼같이 몰려든 서인들에게 욕을 먹었다. 결국 권시는 벼슬을 관두었는데, 현종은 그를 말리고 선물도 보냈지만 승지들은 "권시가 잘못했네"라며 왕의 명령을 전달하지 않는 직무유기까지 벌인다. 이렇게 예송논쟁은 서인들의 승리로 끝난 것으로 보였다.

조선
왕조
실록

03
현종의 매력발산 타임

솔직히 누구나

한 번쯤은 검색창에
자기 이름 쳐봤을 것이다.

두근

두근

현종

조선
18대 왕
현종

來利報 현종

통합검색 | 어학사전 | 이미지 | 지식IN | • • •

연관검색어 : 듣보잡 듣보왕 중국현종 양귀비
예송논쟁 경신대기근 송시열 야구선수 양현종

❗ 혹시 "효종"을 검색하셨나요?

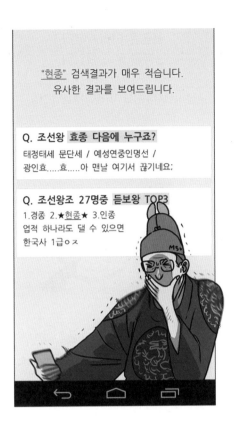

"현종" 검색결과가 매우 적습니다.
유사한 결과를 보여드립니다.

Q. 조선왕 효종 다음에 누구죠?
태정태세 문단세 / 예성연중인명선 /
광인효.....효.....아 맨날 여기서 끊기네요;

Q. 조선왕조 27명중 듣보왕 TOP3
1.경종 2.★현종★ 3.인종
업적 하나라도 댈 수 있으면
한국사 1급ㅇㅈ

그래서 준비했습니다.
듣보왕 현종,

지금부터
매력♥발사!

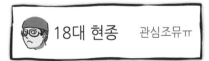

18대 현종   관심조뮤ㅠ

하나요
눈떠장으님

현종은 어려서부터
눈병을 달고 살았다.

왕이 되어서도 마찬가지였으니.

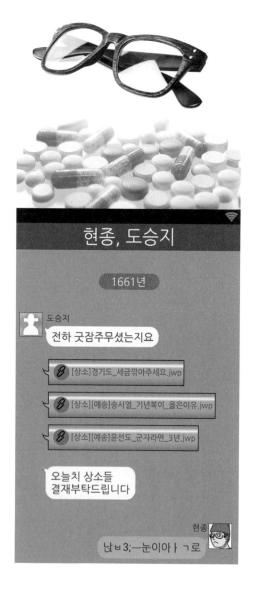

현종, 도승지

1661년

도승지
전하 굿잠주무셨는지요

📎 [상소]경기도_세금깎아주세요.jwp

📎 [상소][예송]송시열_기년복이_옳은이유.jwp

📎 [상소][예송]윤선도_군자라면_3년.jwp

오늘치 상소들
결재부탁드립니다

현종
낪ㅂ3;ㅡ눈이아ㅏㄱ로

도승지
?

안보.ㅡㄹ이ㅏㄴ닭고

ㅠㅜㅡ

도승지영감~..,
저 상선입니다~,,,
전하대신 씁니다~..

※상선 : 임금을 모시는 최고내시

전하께서 간밤에~,,..
눈병이 또 도지셔갖구요~,..

도승지
헐 아; 네

그럼 당분간은
서류업무 못보시겠네요;

ㅇㅇ
그래서 말씀인데~,..,

전하께서 앞으로 상소들
mp3로 달라시네요~^^,..,

쫙 읽어서~녹음해달라세요~,,..

도승지
헐 저 목소리 안좋은데;

ㅇㅇ알겠습니다;

전송

"(애처롭게)응애! 응애!"
"어흐흑, 아기가… 굶고 있사옵니다….
제발… 세금을… 줄여ㅈ(터지는 오열)."

도승지
감정표현 많이
늘었네ㅎㅎ

7남매 중
혼자 아들이었던 현종.

누나와 여동생들에게
둘러싸여 자랐다.

둘이요
귀여운 남동생이자
다정한오빠

[현종이 쓴 친필 편지]

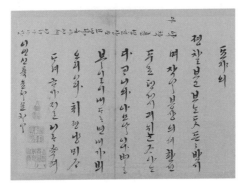

추신 : (숙휘&숙정에게)

악착스럽고 독하게 안부 편지 한 장 보내라기에

이렇게 쓴다. (됐냐?)

> "숙명 누님께서 보내신
> 정다운 편지를 보니
> 직접 뵌 듯 반갑고 기쁩니다 ^-^
> 숙휘, 숙정이에게도 안부 전해주세요."
>
> -현종-

#사람_사는거_똑같음

끝으로,
조선 역사상 유일하게
후궁을 들이지 않은 왕이

바로 현종이었으니.

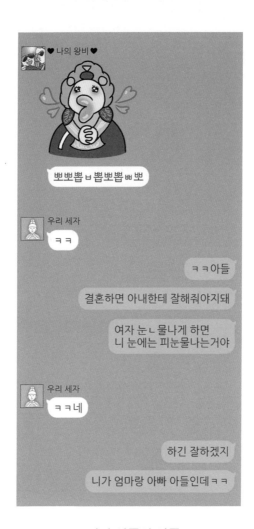

♥ 나의 왕비 ♥

뽀뽀뽑ㅂ뽑뽀뽑ㅃ뽀

우리 세자
ㅋㅋ

ㅋㅋ아들

결혼하면 아내한테 잘해줘야지돼

여자 눈ㄴ 물나게 하면
니 눈에는 피눈물나는거야

우리 세자
ㅋㅋ네

하긴 잘하겠지

니가 엄마랑 아빠 아들인데ㅋㅋ

그러나 현종의 아들,
아빠완 다른 결혼생활을 하니

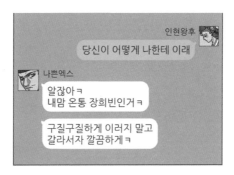

인현왕후
당신이 어떻게 나한테 이래

나쁜엑스
알잖아ㅋ
내맘 온통 장희빈인거ㅋ

구질구질하게 이러지 말고
갈라서자 깔끔하게ㅋ

**그 이름도 유명한
19대 왕 숙종이다.**

숙종이 그거는 부러워……

장희빈 사극이랑
영화만 해도
벌써 몇 개야……

인기 있고 싶다……　끝.

실록에 기록된 것

- 현종은 처음이자 마지막으로 외국에서 태어난 조선의 왕. 아버지 효종 (봉림대군)이 청나라에 볼모로 있던 때에 태어났다.
- 어린 현종, 할아버지인 인조가 품질 나쁜 표범 가죽을 받고 화내자 "다시 표범을 잡으라 하시면 백성들이 사냥하다 다칠 것이다"라며 말리다. 인조, 감탄하다.
- 현종, 심한 눈병에 시달리다. 세자 시절에도 그 탓에 수업을 빼먹다. 심지어 과외 선생님은 송시열.
- 현종, 19세에 왕위에 오르다. 예송논쟁 주인공이 되다.
- 현종, 눈병 때문에 도승지에게 상소를 소리 내어 읽도록 하다. 군사를 키우고, 기근을 구제하고, 대동법을 널리 시행하고, 혼천의와 자명종 등 과학 문물에도 관심 갖다.
- 현종, 여형제들을 아끼다. 여동생들의 집이 너무 크다는 신하들의 호소에도 형제들 편을 들다.
- 현종, 평생 후궁을 들이지 않다. 사치스러우니 왕비 행차에 가마를 쓰지 마시라는 호소 무시하다.

※현종 친필편지 이미지 출처 : 국립청주박물관

기록에 없는 것　픽션

- mp3는 없었다.

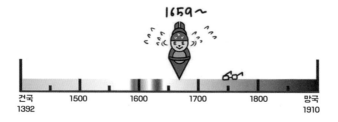

1659~

건국　　1500　　　1600　　　1700　　　1800　　망국
1392　　　　　　　　　　　　　　　　　　　　1910

- 세 번째 이야기 -

듣보잡 임금

현종은 조선의 역대 왕들 중에서 가장 존재감이 없는 임금일 것이다. 똑같이 잔병치레 많고 아파도 밥상 뒤집을 힘은 있으며 부인을 갈아치운 성격 나쁜 아들(숙종)을 생각하면 아버지 현종의 성품은 참 수더분했다.

다만 현종의 착한 성격과는 별개로, 당시의 시대상은 그리 좋지 않았다. 호란의 시대가 끝나고 수십 년, 전쟁의 상흔이 차츰 잊히면서 조선은 이전처럼 평안하고 별일 없는 나라로 돌아갔다. 대동법도 차츰 정착되었으며 경제가 윤택해지고 그 여파가 백성들에게까지 흘러들어갈 수 있었다.

그와는 별개로 왕의 체면은 바닥에 구르고 있었다. 인조는 청나라 황제 앞에서 무릎을 꿇고 머리를 박았고 세자는 외국으로 끌려갔다. 선비들은 적에게 머리 숙인 임금을 섬길 수 없다며 벼슬을 버리고 떠나갔고, 여기에 더해 인조는 억지를 부려 소현세자의 아들이 아닌 둘째 아들 효종에게 왕위를 넘겼다. 그야말로 비정상의 정상화였다.

명색이 왕이 나라의 기둥인 조선이었지만 그 권위가 희미해지자 그 자리를 산림이 대신했다. 시골에 묻혀 속세의 권력을 등지고 오로지 학술에 힘을 기울이는 시대의 스승들. 사람들은 마음 의지할 곳을 찾아 산림들을 받들었고, 마침 희대의 천재인 송시열이 나타나 슈퍼스타가 되었다. 선비들은 그를 시대의 스승으로 여기며 팬질을 했고, 관리들까지 그러했으니 산림은 왕을 능가하는 위세를 가지게 되었다. 결국 왕들은 체면을 고이 접어두고 산림들의 눈치를 보며 열심히 비위를 맞춰야 했다.

현종의 치세에서 예송논쟁이 벌어진 데는 그의 애매하고 빈약한 처지도 한몫했을 것이다. 왕의 권위가 강력했다면 상복을 1년 입든 1개월 입든 무슨 상관이겠는가? 실제로 할아버지 인조는 자기 멋대로 초단기 상복을 입었건만 신하들은 아무도 그걸 막지 못했다. 물론 이것은 왕권이 강해서라기보다는 인조의 성품이 워낙

실록 돋보기

막장이라 그런 것이기는 했지만.

　어쨌든 왕조인 조선에서 학자들의 이야기에 국론이 질질 끌려가는 상황은 비선실세가 정부를 장악한 것이나 다름없었다. 워낙 왕에게 권위가 없으니 중심을 못잡고, 그러니 산림들의 지방 방송이 판을 쳤고, 당연히 국론은 네가 옳으니 내가 옳으니 자글자글 시끄러워지게 되었다.

　조선의 왕들에게 주어진 숙제는 잃어버린 권위를 다시 되찾는 것이었다. 효종이 북벌론을 주장한 것도 바로 그런 맥락에서 해석할 수 있다. "우리나라를 침략한 청나라에게 복수를 하자!" 현실적으로 불가능한 일이었지만 국론을 하나로 모을 수 있는 주장이었다. 만약 산림들이 관리이고 행정가였다면 현실적인 문제를 들어 북벌을 반대했겠지만, 학자였기에 그럴 수 없었다. 효종은 북벌이란 명분 아래 산림들에게 도움을 요청했고, 협력을 얻어냈다.

　그런 효종의 뒤를 이은 현종은 아버지의 뜻을 이어 받았다. 청나라의 눈치를 보느라 대놓고 북벌을 외치진 않았지만 온천 요양을 핑계 삼아 군사훈련을 시행했다. 청에게 도전할 수준에는 이르지 못했지만 말이다. 정치 공작을 아주 안 한 것도 아니었다. 아내 명성왕후의 처가 친척인 김석주를 등용하여 신하들의 권위를 누르고 왕권의 회복을 도모했다. 2차 예송논쟁 때 현종이 서인들과 싸운 것, 그리고 김석주가 송시열을 비판하며 대활약한 것은 그 일환이었겠지만 현종 자신이 오래 살지 못하고 죽었기에 이 모든 계획은 미완으로 남을 수 밖에 없었다.

　평온하게 왕 노릇하며 살기에는 시대가 너무 거칠었다. 서인 VS. 남인들의 당파 대결은 점점 더 심해졌고, 그 결과로 『현종실록』은 그냥 『현종실록』과 『현종개수실록』 두 종류가 있다. 이유인 즉슨 『현종실록』은 남인 정권 아래에서 만들어졌는데, 경신환국 이후 서인들이 집권하자 기존의 것이 편파적이라며 개수실록을 만들어 낸 것. 여타 수정실록들이 고친다는 말이라면, 개수改修란 아예 뜯어서 개조해 버린다는 뜻에 가까우며 실제로도 원래 실록보다 훨씬 분량이 불어났다. 어느 실록이 맞건 간에 당파싸움이 얼마나 극심했으면 최대한 공정함을 지켜야 할 역사 기록에까지 이런 시비가 일어났겠는가.

　현종은 역사에 길이 이름을 남길 만한 군주는 못 되었지만, 반대로 백성들을 괴롭히고 마침내 자기마저 망친 혼군도 아니었다. 그러나 시대가 너무나 혼란했기에, 그는 그저 존재감 없는 왕으로 남았다. 조선왕조실록

허목　　　　　3년이지!

송시열　　　　1년이죠

하나요
벌써일년

<지난 이야기>

효종이 죽자, 상복을
1년 입느냐 VS. 3년 입느냐를 두고
신하들끼리 의견이 갈렸다.

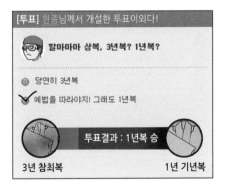

[투표] 현종님께서 개설한 투표이외다!

할마마마 상복, 3년복? 1년복?

○ 당연히 3년복

✔ 예법을 따라야지! 그래도 1년복

투표결과 : 1년복 승

3년 참최복　　　　　1년 기년복

말다툼은 있었지만 별 탈 없이 끝났는데.

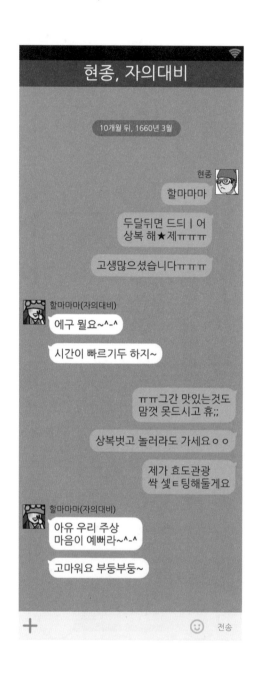

10개월 뒤, 1660년 3월

현종
할마마마

두달뒤면 드디ㅣ어
상복 해★제ㅠㅠㅠ

고생많으셨습니다ㅠㅠㅠ

할마마마(자의대비)
에구 뭘요~^-^

시간이 빠르기두 하지~

ㅠㅠ그간 맛있는것도
맘껏 못드시고 휴;;

상복벗고 놀러라도 가세요ㅇㅇ

제가 효도관광
싹 셑ㅌ팅해둘게요

할마마마(자의대비)
아유 우리 주상
마음이 예뻐라~^-^

고마워요 부둥부둥~

그러나 잠시 뒤,

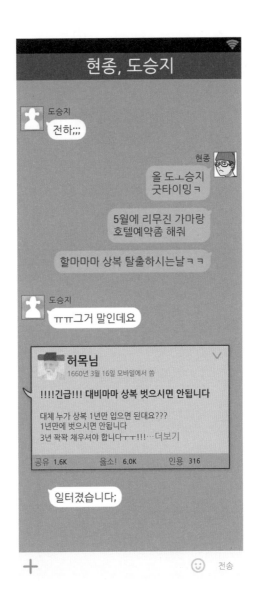

다 꺼진 불에
장작을 밀어 넣은 꼴.

조선은 다시 불타올랐다.

실시간 급상승 검색어

1 예송배틀   NEW!
2 허목
3 1년상 vs 3년상
4 상복 얼마나 입죠
5 자의대비
6 효종
7 장자논쟁
8 서인 산당 이겨라
9 최강남인
10 송시열

이내 조선에서
이름난 학자들은
죄다 배틀에 끼어들었으니!

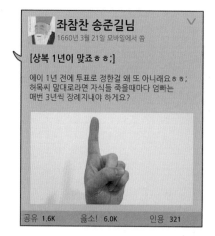

좌참찬 송준길님
1660년 3월 21일 모바일에서 씀

[상복 1년이 맞죠ㅎㅎ;]

에이 1년 전에 투표로 정한걸 왜 또 아니래요ㅎㅎ;
허목씨 말대로라면 자식들 죽을때마다 엄빠는
매번 3년씩 장례지내야 하게요?

공유 1.6K   옳소! 6.0K   인용 321

예법갑_윤휴님
1660년 5월 1일 모바일에서 씀

[3년 지지]3년이 맞습니다 이거는^^;

딴분도 아니고 임금님을 추모하는거 아닙니까.
1년복 입는건 평범한 사대부 집에서나 하는거죠^^;
@허목님, 나중에 DM드릴게요ㅋㅋㅋ

공유 1.6K   옳소! 6.0K   인용 501

그 줌에서도 특히
많은 이들이 기대한
슈퍼스타는,

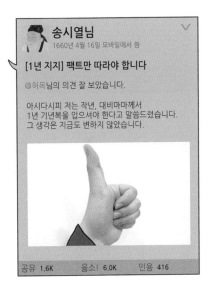

송시열님
1660년 4월 16일 모바일에서 씀

[1년 지지] 팩트만 따라야 합니다

@허목님의 의견 잘 보았습니다.

아시다시피 저는 작년, 대비마마께서
1년 기념복을 입으셔야 한다고 말씀드렸습니다.
그 생각은 지금도 변하지 않았습니다.

공유 1.6K   옳소! 6.0K   인용 416

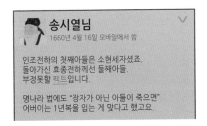

송시열님
1660년 4월 16일 모바일에서 씀

인조전하의 첫째아들은 소현세자셨죠.
돌아가신 효종전하께선 둘째아들.
부정못할 팩트입니다.

명나라 법에도 "장자가 아닌 아들이 죽으면"
어버이는 1년복을 입는 게 맞다고 했고요.

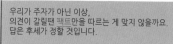

우리가 주자가 아닌 이상,
의견이 갈릴땐 팩트만을 따르는 게 맞지 않을까요.
답은 후세가 정할 것입니다.

| 공유 1.6K | 옳소! 6.0K | 인용 416 |

산당으로_산당
1660년 4월 16일 모바일에서 씀

크 반박불가ㅠㅠㅠ
시열쌤ㅠㅠ역시 선비갑ㅠㅠ

★웨스트페이스★
1660년 4월 16일 모바일에서 씀

서인 산당의 자존시뮤ㅠㅠㅠㅠㅠㅠㅠㅠ

하지만 이때만 해도
반응 좋았다.

셋이요
윤서도가 쏘아올린 작은 폭탄

안면장부

백성 갑돌 :

자존심을 건 대감마님들의 싸움!

[상복 1년이 맞죠ㅎㅎ;]
에이 1년 전에 투표로 정한걸 와
허목씨 말대로라면 자식들 죽을
매번 3년씩 장례지내야 하게요?

[3년 지지]3년이 맞습니
딴분도 아니고 임금님을 추모
1년복 입는건 평범한 사대부
@허목님, 나중에 DM드릴게

 백성님들이 좋아하시오!

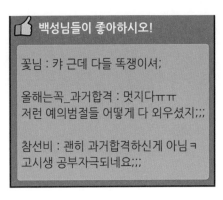

👍 백성님들이 좋아하시오!

꽃님 : 캬 근데 다들 똑쟁이셔;

올해는꼭_과거합격 : 멋지다ㅠㅠ
저런 예의범절들 어떻게 다 외우셨지;;;

참선비 : 괜히 과거합격하신게 아님ㅋ
고시생 공부자극되네요;;;

그러나

1660년 4월 18일,
그 화기애애했던
분위기가

확 바뀌고 말았으니.

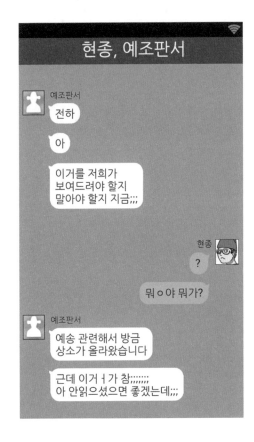

현종, 예조판서

예조판서
전하

아

이거를 저희가
보여드려야 할지
말아야 할지 지금;;;

현종
?

뭐ㅇ야 뭐가?

예조판서
예송 관련해서 방금
상소가 올라왔습니다

근데 이거 ㅓ가 참.......
아 안읽으셨으면 좋겠는데;;;

뭔데ㅎㅎ
보내 얼른

예조판서
ㅠㅠㅠ

[상소] [예송] 윤선도_
송시열,제정신인가?.jwp

+   ☺ 전송

<system>
뉴클리어 윤선도
디텍티드

그리하였다고 한다.

끝.

정사 正史

실록에 기록된 것

- 자의대비 상복, 1년복으로 결정나다.
- 상복을 입은 동안에는 음식류도 삼가서 먹어야 하며, 부부관계를 갖는 것도 금지됐다.
- 그러나 10개월 뒤 허목, "1년만 입는 것은 잘못됐다"는 상소 올리다. 이 것을 서로 반박하며 논쟁에 불이 붙다.
- 3년을 지지한 이들의 의견은 주로 "임금은 지존이다. 그러므로 상복도 최고로 지엄한 3년복을 입는 것이 맞다."
- 1년을 지지한 이들의 의견은 "돌아가신 효종께서는 둘째 아들이셨고, 3년복은 큰아들을 위해서만 입는 거다. 왕도 선비이므로 이러한 예의 를 따라야 한다."
- 학문적 대결이었던 예송논쟁, 윤선도의 상소로 정치적인 이슈가 되다.

참고

- 상소들은 한 장 한 장이 매우매우 길었다.

1660~

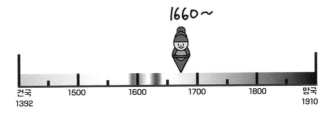

건국 1392　　1500　　1600　　1700　　1800　　망국 1910

1차 예송논쟁의 결과

예송논쟁은 학술논쟁이었다. 상복을 어떻게 입느냐라는 예禮의 문제를 현실에 어떻게 적용하느냐를 놓고 누가 옳은지 그른지를 '학자들이' 따진 것이다. 1년복은 송시열, 송준길을 비롯한 원칙을 중시한 사람들, 특히 서인들이 주장했다. 3년복을 처음 제안한 윤휴는 굳이 따지자면 북인이었고, 허목은 남인이었다. 이외에 조정중신인 원두표도 3년복을 주장했다. 효종이 왕위를 계승했으니 사실상 적장자로 특별대우를 해줘야 한다는 것이었다.

1년복을 주장한 사람들이 효종의 왕위 계승을 무시한 것은 아니었다. "효종은 왕이 맞지만 적장자는 아니기 때문에 적장자용 의례만 치르지 않는 것뿐인데, 그게 무슨 문제가 되느냐?"라는 것이 그들의 입장이었다.

논쟁으로 따지자면 송시열이 유리했는데, 그가 주장한 것이 원칙이었기 때문이다. 그는 폭 넓고 깊은 지식을 토대로 정확한 내용을 뽑아 차곡차곡 쌓아둔 논리적이고 정석적 주장을 했다. 그에 비해 윤휴, 허목 등이 주장한 3년복은 엄밀하게 말해 변칙이었다. "왕위를 이었으니까 특별하다!"가 주장의 근간이었으니 논리적으로는 취약할 수밖에 없었다. 하지만 이 예송논쟁은 어디까지나 학술논쟁이었기에 틀리거나 다른 주장은 얼마든지 나올 수 있었다.

문제는 예송논쟁 이후 반대파에게 지독한 린치가 가해졌다는 것이다. 살다 보면 의견이 갈릴 수도, 논쟁이 벌어질 수도 있다. 하지만 '너는 나와 의견이 다르니 잡아 족치겠다'라는 레벨에 다다른다면 정상이 아니다.

서인들, 또는 1년복 주장자들이 한 행동은 어이가 없을 정도로 유치하고 치졸했다. 송시열 추종자들은 그들과 다른 의견을 이단이라 여기며 탄압했고, 왕의 명령을 적극적으로 유기하는 한편, 3년복 주장자들을 극형에 처하자고 끈질기게 우겨댔다. 예송논쟁이 역사 속에서도 손꼽히는 사건이 된 이유이다.

그들은 쫓겨나는 윤선도와 권시를 조금이나마 챙겨 주려는 현종의 말을 따르지 않았고, "임금님은 왜 나쁜 사람들을 보살펴 주나요"라며 빈정댔다. 화가 난 현종이 벌을 주려 하자 다른 송시열 추종자들이 또 우르르 몰려와 "옳은 말을 했는데 왜 벌을 주느냐"라며 현종에게 따져댔다. 이 시점에서 예송논쟁은 이미 예법에 대한 논쟁이 아니었다. 치사함이 하늘을 뚫고 땅을 뒤흔들었다.

결국 윤선도는 일흔이 넘는 나이에 함경도 오지로 귀양을 갔고 권시는 윤선도를 옹호했다는 이유로 온갖 욕을 먹으며 벼슬을 잃고 떠나야 했다. 실용적인 이유에서 동조했던 공무원들도 입에 지퍼를 채웠다.

이런 상황의 선두에는 당연하게도 서인의 당수이자 산림인 송시열이 있었다. 그가 추종자들을 부추긴 것은 아니었지만 그렇다고 말리지도 않았다. 재미있는 것은 그렇게 치열한 토론을 벌여댔으면서도 정작 토론에 참여한 사람들은 그런대로 품위를 지켰다는 것이다. 『실록』에 실린 송시열의 편지를 보면 "윤선도의 말이 좀 거칠긴 하지만 맞는 말입니다. 원인은 저한테 있지요"라고 좋게좋게 말했다. 윤선도의 인신공격을 받고서도 공식적으로 그렇게 말한 것을 보면 참으로 그 인내심이 대단한 듯도 보인다.

말은 그렇게 했지만 송시열은 윤선도의 상소를 핑계 삼아 끊임없이 사직소를 올렸다. 이상한 점은 이때 송시열의 상소가 『실록』에 남아 있지 않다는 점이다. 『현종실록』의 사관은 "아마 송시열이 엄청 심한 말을 해서 일부러 덮었겠지"라고 적었다. 아주 근거 없는 소리라 하기도 어렵다. 송시열은 그의 위대한 학술적 능력과 완벽하게 반비례하는 좁은 마음을 가지고 있었으니까. 그는 예송논쟁에서 견고한 논리를 구사했지만 감정적인 면에서는 표현 방법은 다를지언정 윤선도와 같은 종류의 사람이었다. 본인도 이런 자신의 성격적 결함을 잘 알고 있었지만 고칠 생각은 하지 않았다. 만약 송시열이 좀 더 정치적인 인물이었다면 더 융통성 있는 안을 제시했을 것이고 반대파들을 보듬어 안을 수도 있었겠지만 그는 자신의 추종자들이 남인들을 무자비하게 물어뜯게 내버려 뒀다.

무엇보다 이 일은 현종에게는 몹시도 깊은 분노를 남겼다. 분명 예송논쟁은 학술논쟁이었지만 현종에게는 집안일이었다. 효종은 자신의 아버지였고 논쟁은 현종 자신의 정통성 문제에 직결되어 있었다. 게다가 왕의 명령을 무시해 가며 송시열을 떠받드는 신하들까지 있었으니 이때의 분노는 2차 예송논쟁으로 이어지게 된다.

조선
왕조
실록

05
예송논쟁
~윤선도 라이즈~

 윤선도　　　도랏맨?

 송시열　　　(빡침)

 사대부들　　도라이임??

하나요 게임끝?

17대 임금 효종이
죽자 벌어진

'예송논쟁'

※효종이 침 맞다 갑자기 사망해,
　그의 어머니 자의대비가
　상복을 얼마나 오래 입어야 할지
　학자들끼리 논쟁했던 일.

불꽃 튀는 토론 끝에,
드디어 끝이 났다.

[속보]예송논쟁 종결…"1년만 입는다"

1년 지지한 송시열 대감 뿌듯 "예법의 승리"

주상전하(현종) "송시열과 선비들 의견 존중"
3년 지지자들, "아쉽다…결과에 승복"

네티즌 덧글(1661개)

└막동님 : 상복 3년간 입는게 제일 높은거죠?
　　　　1년은 그 다음으로 좋은거고;

└막동님 : 나름 임금님 아빠 장례식인데;
　　　　제일 좋게 3년 해드려야지 않나ㅜㅜ

　　　└ ♥셜빠♥ : ㅉㅉ야만인이냐

　　　└ 진정한_선비 : 222 예법 모르면 조용

　　　└ 산당에_산당 : 3 님 시열대감보다 스펙좋음ㅋ?

　　　└ ★1년지지★ : 4444 예법나고 사람났죠
　　　　　　　　　주상전하라고 예외없음ㅇㅇ

└막동님 : 아ㅜㅜ죄송합니다
　　　　선비님들 욕쪽지좀 그만 보내세요......
　　　　제가 많이 배웟네요.....ㅜㅜㅜㅜㅜ

'조선의 희망'
'선비들의 아이돌'

주상전하도
설설 기는

'이 시대의 논리갑'
우암 송시열!

그러나,
그런 대스타에게

감히
도전장을 던진 이가
나타났으니.

HYBC
1시진 토론

[시사] 16600418_어그로논객, 송시열저격?

사회자 : 장안의 화제, 예송논쟁이
얼마전 마무리됐지마는,

[시사] 16600418_어그로논객, 송시열저격?

ID : ZZigukchong
제목 : 송시열 제정신인가?

"효종전하는 둘째아들"
"사대부 법도상 1년이 맞아"
이딴 소리 하다니 ㅇㄷㄷ
뼈가 놀라고 가슴이 써늘함

"1년만 입어도 된다" 주장한 송시열 대감을
맹렬히 저격하는 상소가 올라와 큰 논란이외다.

[시사] 16600418_어그로논객, 송시열저격?

· 사회자 : 그 상소의 주인공 모셨소.
윤선도 어르신, 대체 무슨 생각으로 그리하였소?

윤선도 : 그거는 송시열
그 인간한테 물어야지!

셋이요 예망지창

고산 윤선도
[1587~1671]

그 이름도 악명 높은,
못 말릴 전투민족!

목에 칼이 들어와도
할 말 다하는 캐쎈캐릭이라
물어뜯기기 딱 좋았으니.

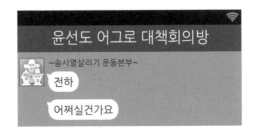

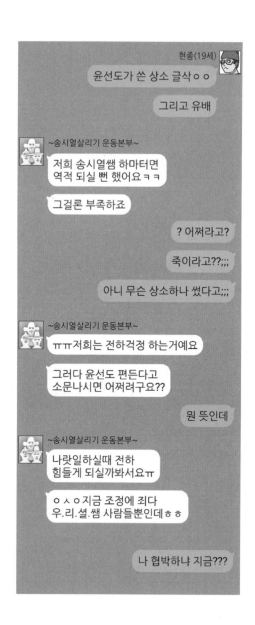

현종(19세)

윤선도가 쓴 상소 글삭ㅇㅇ

그리고 유배

~송시열살리기 운동본부~

저희 송시열쌤 하마터면
역적 되실 뻔 했어요ㅋㅋ

그걸론 부족하죠

? 어쩌라고?

죽이라고??;;;

아니 무슨 상소하나 썼다고;;;

~송시열살리기 운동본부~

ㅠㅠ저희는 전하걱정 하는거예요

그러다 윤선도 편든다고
소문나시면 어쩌려구요??

뭔 뜻인데

~송시열살리기 운동본부~

나랏일하실때 전하
힘들게 되실까봐서요ㅠ

ㅇㅅㅇ지금 조정에 죄다
우.리.셜.쌤 사람들뿐인데ㅎㅎ

나 협박하냐 지금???

윤선도, 현종이 커버쳐친 덕에
유배로 끝나다.

현종이
"이제 그만 하자" 했으나,
송시열 지지자들, 사냥 계속하다.

3년복 주장했던 선비들
'3년충'으로 몰려
직장을 잃고 왕따 당하다.

**현종, 빡쳤으나
티내지 못하다.**

그러나 이듬해,
소중한 아들 숙종 태어나다.

#아빠복수_커밍쑨

이번엔 내가 Winㅋㅋ   두고 봐라ㅠ

실록에 기록된 것

- 인조의 둘째 아들인 효종의 장례 방식을 두고 예송논쟁 일어나다. "왕께서 돌아가셨으니 제일 높은 3년복을 입어야 한다." VS. "둘째 아들이 죽은 것이니 1년만 입어야 한다." 조선의 내로라하는 성리학자들이 온갖 책을 뒤져가며 열띤 논쟁하다.
- 송시열, 1년을 주장하다. 그러나 윤선도, "적통을 이은 임금 효종의 장례에 고작 1년이라니, 뼈가 놀라고 가슴이 써늘하다. 백성들 마음을 안정시키고, 종묘사직을 굳건히 해야 할 이 시점에 송시열은 무슨 짓인가? 실수를 했으면 인정하면 될 일이지, 어찌 돌아가신 임금님의 정통성을 부정하며 고집을 피우나." 격렬히 공격하다.
- 언론기관인 삼사에 송시열과 뜻을 같이하는 산당들이 포진해 있어, 윤선도, 매우 공격받다. 윤선도 편을 든 권시 등 관료들 탄핵당하다.
- 윤선도, 광해군 때에도 권력을 틀어쥔 이이첨을 대놓고 공격해 탄핵당했다. 20여 년을 유배생활 하다.
- 현종, 3년충으로 몰려 파직한 신하에게 위로 인사 건네. 그러나 송시열파인 승지가 일부러 전하지 않다. 현종 매우 화났으나, 삼사신하들 "윤선도와 친하다는 평가 들으실까 그런 거다"라며 감싸다. 현종 한 수 무르다.

기록에 없는 것

- 윤선도는 박규두건을 두르지 않았다.
- 실제로 '3년충'이란 말을 쓰지는 않았다.

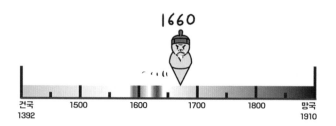

1660

건국   1500   1600   1700   1800   망국
1392   1910

2차 예송논쟁

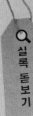

자의대비가 1년만에 상복을 벗으며 1차 예송논쟁은 끝났다. 이후로도 논쟁은 지속되었지만 시간은 그럭저럭 흘러갔다. 그 동안 송시열은 주변 사람들과 끊임없이 시비가 붙어 적립금처럼 차곡차곡 주변의 원한을 사고 있던 와중, 1674년(현종 15) 2월 23일, 효종의 아내이자 현종의 어머니였던 인선왕후가 세상을 떠났다.

다시 자의대비가 어떤 상복을 입느냐가 문제가 되었다. 각 예서에 따라 조금씩 다르긴 했지만, 대체로 맏며느리가 죽으면 시부모는 1년 동안 상복을 입어야 했고, 둘째 이하의 며느리라면 9개월 동안 상복을 입으니 이것을 대공복이라고 했다. 자의대비가 어떤 상복을 입는지는 인선왕후가 맏며느리인지 둘째 며느리인지를 정하는 것이기도 했으니 이것이 바로 2차 예송논쟁이었다. 그런데 2차 예송논쟁은 이름만 2차일 뿐 1차와는 많은 점이 달랐다.

우선 기간이 너무 짧았다. 1차 논쟁은 자그마치 1년을 질질 끌었지만, 2차는 고작 3일뿐이었다. 또 이전 1차 예송논쟁이 학자들끼리의 학술논쟁에서 시작되었다면 2차 예송논쟁은 몹시 정치적인 행사였다. 왜냐하면 이것을 주도하고 실행한 사람이 바로 임금 현종이었기 때문이다. 1차 논쟁 때 현종은 갓 왕이 된 처지였으며 송시열을 비롯한 산림들의 위세는 어마어마해 현종이 감히 어떻게 할 수 없었다. 그래서 서인들의 주장에 따랐으며 남인을 비롯한 3년복 지지자들이 정치적인 박해를 받는 것을 알면서도 막지 못했다.

15년이 흘렀다. 1차 논쟁 때는 꼬꼬마 현종이 서슬 퍼런 산림 형님들 사이에 끼어 숨죽이고 있었다면, 2차 논쟁 때는 현종이 "이건 아니잖아!"라며 당당히 산림들에게 도전장을 내미는 상황이었다.

인선왕후가 승하하고 3일 뒤 예조는 자의대비의 상복을 1년으로 정했다. 그런데 바로 하루가 지난 27일, 이것을 대공복으로 정정했다. 『현종실록』에서는 이 일을 놓고 처음에는 1년복으로 정했다가 송시열을 추종하는 서인들이 "송 선생님 의견과 다르잖아!"라고 태클을 걸어서 어쩔 수 없이 바꿨다고 적었다. 글쎄, 당시 예조참판이 송시열의 제자이기도 했으니 협박할 필요도 없었을 것 같지만 아무튼 그렇게 작은 소동으로 넘어가는 듯했다. 그런데 몇 달 뒤인 7월, 대구의 선비 도신징이 상소를 올렸다. "효종과 인선왕후는 대를 이었으니 적장자인데 지금 송시열의 서인들이 국론을 장악하고 있어요. 이대론 현종이 적장자가 아니게 될 수 있어요!"라는 상소였다. 이걸 본 현종은 속이 단단히 틀어졌고, 며칠 뒤 7월 13일 영의정 김수흥, 민유중 등 서인들에게 따져 묻게 되니 이것이 바로 2차 예송논쟁의 시작이었다.

"왜 너희 맘대로 예복을 정해? 우리 엄마 아빠가 적장자가 아니란 말이야?"

분위기가 요상하게 돌아가는 와중 김우명의 조카 김석주가 폭탄을 던졌다.

"송시열이 효종을 서자라고 했대요!"

앞서 말했듯이 김우명은 송시열이랑 사이가 좋지 않았고, 김석주는 정권을 노리고 있었으니 이것은 다분히 정치적인 언사였다. 어쩌면 이 논의가 시작되기 전 현종과 미리 말을 맞췄을 수도 있다. 아무튼 분위기가 싸하게 가라앉고 현종은 파격적인 명령을 내렸다. "중요한 일이니까 다 모여서 오늘 내로 결정해!"라는.

그리하여 번갯불에 콩 볶듯 모인 신하들은 대부분 송시열의 제자인 서인 일색이었고, 결론도 당연히 1차 때 송시열의 결정을 옹호하는 것이었으며 현종은 화가 났다. "내가 원한 답은 그게 아니거든!"이라고 짜증을 내고 "둘째 아들이 왕위 계승하면 큰아들이 될 수 있음"이라는 글귀에 밑줄을 쫙 그어 신하들에게 내리기까지 했다. 1차 예송논쟁이 학자들끼리의 이론 배틀이 국가적인 전쟁으로 번진 것이라고 한다면, 2차 예송논쟁은 현종이 왕의 권위를 내세워 신하들을 찍어 누른 것에 가까웠다.

안타까운 것은 현종에게 그만한 능력이 없었다는 것이다. 세종이나 정조처럼 박식한 지식을 갖추지도 못했고, 태종이나 세조처럼 신하들을 제압하는 스킬을 가지지도 못했다. 영의정 김수흥과 토론하며 빈약한 어휘력과 허술한 논리를 펼치다가 처참하게 패배하는 것을 보면 안쓰러울 지경이다. 마침내 현종은 "왕에게 어떻게 이럴 수 있냐?"라며 폭발해 자의대비의 상복은 1년복이라 발표해 버리고 김수흥을 비롯한 서인들을 줄줄이 귀양 보냈다. 이쯤 되면 왕으로서의 체면은 고이 접어 하늘로 날아갈 수밖에. 논쟁이 끝난 지 고작 한 달이 지난 8월, 현종은 병이 악화되어 승하했다.

06

소고기 먹으면 사형?

소	ㅋㅋㅋ
현종	신이시여

소고기 묵겠지

소고기는 맛있다.

얼마나 맛있냐면,
진짜 엄청 맛있다ㅠㅠ

[재방] 심야시청금지_맛좋은 왈패들_소고기편
- 아 지글지글 소리;;미치겠다
- 냄새로 벌써 밥 세공기 먹었어

배부를 때 먹는
소고기도 맛있지만,

배고플 때 먹으면
귀에서 ♪대취타♪가
울려 퍼지는데.

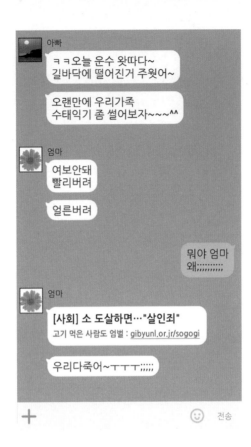

둘이요

경신대기근(大飢饉)

그랬다.

현종 11~12년,
소를 잡는 것을 엄히 금했다.

[사회] 소 도살하면…"살인죄"

"배고픈데 어쩌라고" 굶주린 백성이 주저앉았다

작년부터 가뭄, 우박, 병충해로 농사 전멸…
굶어죽은 백성 "수십만~백만까지"
"한양 곳곳에 시체가 산처럼 쌓여"

네티즌 덧글(1670개)

└꽃분님 : 관료들 도랏??? 누가 이딴 소릴 했죠??

└살려주세요님 : ㅋㅋㅋㅋㅋㅋㅋㅋ진짜 도랏

└엣헴님 : 소가 농기구인데~먹어버리믄 쓰나~

임진왜란보다
더 끔찍했다던 대재앙.

'경신대기근'

때문이었는데.

현종, 도승지

현종
야;

소가 사람도 아닌데;

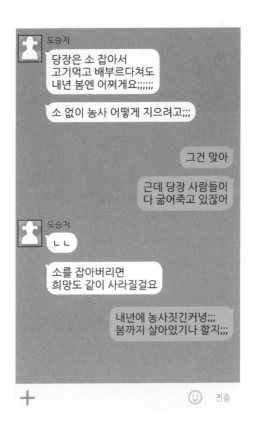

그러나
상황은 더 나빠졌다.

나라 창고마저 텅 비어
백성들에게 죽 한 그릇
주지 못하게 됐다.

셋이요
다른고기

배고ㄴ파

넘나베ㅐ고파

눈 뜨고 못 볼 산지옥이었는데.

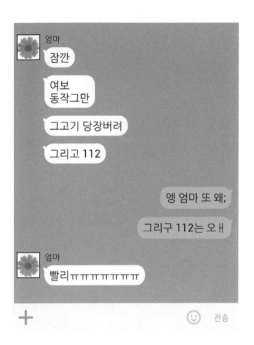

경신대기근 때
조선 인구
5~10%가 굶어 죽다.

병충해 때문에
산속 도토리마저 사라지다.

백성들이
자기 자식을 잡아먹었으나
나라에서 처벌조차 못하다.

(꼬르륵)

(꼬르륵)
끝.

정사 正史

실록에 기록된 것

- 현종 11년(경술년)부터 12년(신해년)까지, 2년에 걸쳐 온갖 자연재해와 전염병이 창궐했던 재앙을 '경신대기근'이라 부른다.
- 극심한 겨울, 봄 가뭄으로 일 년 농사가 망하자, 백성들이 굶주렸다. 면역력이 떨어져 이내 전염병이 도니 백성들이 순식간에 쓰러져 죽어나갔다.
- 어찌나 심했는지, 왕족들과 양반들까지 굶어 죽을 정도. 그러니 가난한 백성들의 피해는 더욱 심했다.
- 심지어 우역(구제역)까지 돌아 조선의 소들마저 우르르 죽다. 백성들, 병으로 죽은 소를 먹다가 병에 걸리다.
- 조선에서 원래 소는 도살이 금지되어 있었다. 특별한 경우(어버이가 아프거나 소의 다리가 부러지는 등)에만 신청서를 내고 잡았다.
- 굶주린 백성들이 소를 잡자, 농사를 걱정해 소 도살을 살인과 같이 취급하겠다 하다.
- 하도 굶주려 아이를 버리다. 심지어 잡아먹는 일까지 생기다.

기록에 없는 것 /픽션

- 112는 아직 없었다.

1670~1671

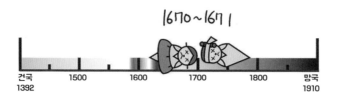

건국
1392

1500

1600

1700

1800

망국
1910

- 여섯 번째 이야기 -

금지된(?) 별미

농경사회였던 조선에서 소는 밭도 갈아주고 짐도 날라주고 방아도 찧어주는 중요한 노동력이었다. 농사를 잘 짓지 못하면 먹을 게 없어지고, 그러면 굶어 죽게 된다. 그러니 사람의 목숨이 소에게 달려 있다고 해도 과언이 아니었다.

따라서 소의 도살은 엄격하게 금지되었고, 소고기도 함부로 먹을 수 없었다. 그래서 소고기에는 금육禁肉이라는 별명이 붙었다. 먹는 것이 금지된 고기라는 말이다. 조선시대 요리책들을 보면 사슴, 닭, 꿩 등 다양한 동물의 고기를 이용한 요리가 나오는데 상대적으로 소고기를 이용한 요리 가짓수는 많지 않다. 대놓고 먹을수 없는 음식이다 보니 요리법도 크게 발달하지 않은 것 같다.

소를 잡는 것이 엄금되었음에도 조선 사람들에게는 늘 소고기가 필요했으니 제사 때문이었다. 유교의 나라 조선은 조상들에게 올릴 제사를 성실하게 챙겨야 했고, 소고기는 제사=소고기라 해도 될 만큼 아주 중요한 제수용품이자 식재료였다.

그런데 제사보다 소고기가 필요한 더 중요하고 심각한 이유가 있었다. 우리도 익히 아는 그 이유, 바로 맛있기 때문이었다. 조선 사람들은 소고기를 먹으면 건강하게 장수한다고 믿었고, 그게 아니더라도 맛있으니까 기회가 닿는 대로 소고기를 먹었다. 그래서 세시풍요에는 "여기저기 다리 부러진 소가 참 많네!"라는 구절이 있다. 원칙적으로 소 도축이 금지된 조선에서는 다리가 부러져서 농사일을할 수 없는 소만을 잡을 수 있었다. 고기가 먹고 싶은 사람들이 멀쩡한 소를 놓고 "다리가 부러져서 어쩔 수 없네, 흑흑" 하는 핑계를 들며 고기로 만들었던 것이다. 조선의 소고기 사랑은 몹시도 열정적이라 송시열은 "우리나라 사람들은 소고기 없이는 못 살 것처럼 여긴다"며 한탄하기도 했다. 본능과 이성의 갈등 앞에서 소고기의 입지란 참으로 묘한 것이었다.

그래도 언제나 소고기가 합법적으로 넘쳐나는 곳이 있었다. 성균관, 그리고 그 주변의 반촌泮村이었다. 이곳은 백정들의 마을로 성균관 학생들에게 하숙 서비스를 제공했는데 동시에 소를 잡아 고기를 파는 것이 생업이었다. 하필 성균관에 푸줏간이 자리 잡은 첫 번째 이유는 소고기가 유교의 성현들에게 바치는 제사용품이기 때문이었고, 두 번째 이유는 성균관 유생들의 영양 보충을 위해서였다. 조선의 미래를 준비하는 학생들은 당당하게 소고기를 학식으로 먹을 수 있었던 것이다. 특별한 날의 특별 메뉴이긴 했지만 말이다.

그 외에도 서울 곳곳에서 푸줏간들이 운영되었다. 이런 고기를 파는 곳을 현방, 또는 다림방이라고 했는데 소고기를 달아 놓고 팔아 이런 이름이 붙었다. 한성 근처에는 왕십리, 의정부, 마포 등에 22개의 현방이 있었다. 경신대기근 같은 초비상 상태가 아니라면, 그리고 돈이 있다면 어떻게든 소고기를 구할 수 있었다.

옛날의 대표적인 소고기 요리법은 설하멱적(또는 설하멱)이다. 고기를 잘 두들겨 꼬치에 꿰고, 간장과 기름을 섞은 양념장에 재운 다음 숯불에 굽는데, 고기가 익으면 찬물에 담갔다 꺼내서 또 굽기를 세 번 하는 요리였다. 육즙을 생명으로 여기는 현대인들이 보기엔 물에 여러 번 씻는 게 의외이지만 조선 중기까지 가장 유명한 요리법이었다.

조선후기에 들어가면 난로회가 나타나게 된다. 이 요리법은 중국에서 들어왔다고 하는데, 위가 불쑥 솟아 투구처럼 생긴 동그란 불판에다 기름, 간장, 계란, 파, 마늘로 양념한 소고기와 야채를 구워 먹는 요리였다. 불판 테두리는 우묵하게 패여 있어서 여기 육즙이 모이면 그 국물에다 야채를 넣어 익혀 먹었다. 오늘날의 불고기와 흡사한 점이 있는 요리다.

난로회는 주로 가을겨울에 먹는 별미였다. 추운 날씨에 방이나 야외에서 따끈한 난로를 가운데에 두고, 사람들이 옹기종기 모여 앉아 소고기를 구워 야채와 먹는 것은 굉장한 별미였으리라. 하지만 연암 박지원이 남긴 난로회 이야기를 보면 환기 장비가 없는 실내에서의 난로회는 연기와 냄새의 지옥이었으며 뜨거운 국물에 손을 데는 사고도 벌어졌던 모양이다. 그래도 소고기를 먹는 즐거움을 포기할 수 없어 많은 사람들이 난로회를 즐겼다. 정조도 어느 날 숙직하는 신하들에게 "난로회 분위기 낼까?"라며 맛있는 음식을 선물로 주는가 하면 1781년에는 다섯 신하들과 오순도순 모여 난로회 파티를 했다고 한다. 예나 지금이나 사람의 마음이란 고기 앞에서 한없이 약해지는 듯하다. 조선왕조실록

07

아기 숙종 이름 짓기

하나요 **첫아기**

내 나이 17세,
엄마가 됐다.

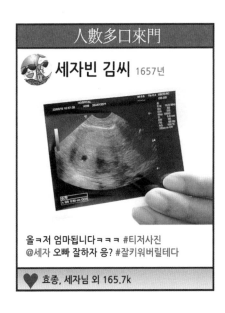

안다,
진짜 힘든 일인 거.
근데 내가 워낙 씩씩해서ㅋ

하지만
그 소중한 첫아기는

나랑 오빠 가슴에
묻히고 말았으니.

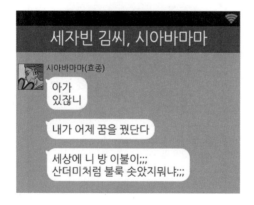

그리고 1년 뒤,
오빠는 왕이 되고
나는 왕비 명성왕후가 되었다.

그리고 정말 선물처럼
아이가 찾아왔다.

人數多口來門

현종비 명성왕후 1661년

아들램 이름은 "용상이"랍니다.
할바마마가 지어주신 별명이에요~ #데뷔

♥ 현종님 외 166.1k

우리 용상이는 무럭무럭 자라
어느덧 여섯 살 생일을 맞았으니.

내 사랑♥용상이♥내 목숨

현종비 명성왕후

6살 누가 밉대??? 이뻐쥬금ㅋㅋㅋㅋㅋㅋ

뜻 게이쁘;;;;;;;

♥ 내꺼전하 ♥ (현종)

그쵸 괜찮죠ㅠㅠㅠ
되게 의미도 좋고ㅠㅠ

애기이름
"이광" 콜?

콜!!!!!!!!!!

고마워요
사랑해요 ♥

\+   ☺ 전송

**셋이요
뽜이야**

하지만, 광이라는 이름은
오래 쓰지 못했으니.

 안면장부

현종

뿌듯ㅋ너무 급했나? #프로_설레발리스트
광이 입학까지 아직 한참 남았는데ㅋㅋㅋ

👍 명성왕후, 자의대비님께서 좋아하오!

대사헌 조복양 : 흠; 암만봐도
광이란 이름 너무 별롭니다;;;;
대사헌 조복양 : 수나라 폭군 양제도
이름 광이었어요;;;; 한자도 거의 같고;;;

廣 ← 爌
양제 광   이광

대사헌 조복양 : 얘가 그그 살수대첩때
을지문덕 장군한테 물먹은 걔ㅇㅇ;;;;

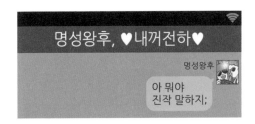

명성왕후, ♥내꺼전하♥

명성왕후
아 뭐야
진작 말하지;

왜 결정 다 난 뒤에야-_-

❤ 내꺼전하 ❤ (현종)

토닥토닥

어쩌겠어요 딴걸로 지어요

애기가 평생 쓸 이름인데
쫌이라도 찝찝하면 안되니까ㅠ

ㅠㅠㅇㅇ

이번에도 불 화 넣을거죠?

❤ 내꺼전하 ❤ (현종)

ㅇㅇ꼭!!!!!!!!!

결국 마지막으로 고른 게
'순'이라니,
남자애 이름치곤 너무 얌전한가?

焞 밝을 순

순아, 따뜻한 아이로 자라렴~^^

"오빠, 쟤 이름에 불 넣은 거
실수였다 그쵸."

"그러게요……."

성질이 불같긴 하네.　　　끝.

정사 正史

실록에 기록된 것

- 현종비 명성왕후, 딸 둘을 잃다.
- 효종, 명성왕후의 이불 속에서 용이 자는 태몽을 꾸다.
- 현종, 불화변이 들어간 한자를 여섯 개 추천받다. 광(爌), 형(炯), 운(煐), 후(煦), 도(燾), 염(爆). 숙종의 본래 휘는 '광(爌)'이었으나, 폭군의 대명사 수양제의 이름(양광)과 같다는 대사헌 조복양의 지적을 받아들여 공모를 통해 휘를 '순(焞)'으로 고쳤다.
- 세자 숙종, 뻑하면 과외를 빼먹다. 그러나 읽은 것을 외워 보라 하면 줄줄 잘 말하는 머리 좋은 아이.
- 현종, 세자 숙종이 아프자 나랏일도 멈추고 몸소 간호할 정도로 아들을 지극히 사랑하다.
- 명성왕후, 숙종의 아내 인현왕후에게 "주상은 평소에도 희노애락의 감정이 불길처럼 일어난다"며 한탄하다.

픽션

기록에 없는 것

- 아기 피부에 순한 물티슈는 아직 없었다.

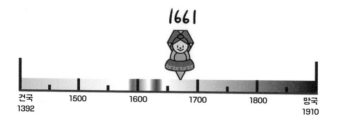

1661

| 건국 1392 | 1500 | 1600 | 1700 | 1800 | 망국 1910 |

실 록 돋 보 기

- 일곱 번째 이야기 -

2대독자 변덕쟁이 임금님

숙종이라고 하면 가장 먼저 생각나는 것은 역시 인현왕후와 장희빈이다. 여자 둘에 남자 하나, 나쁜 여자와 착한 여자 사이에서 흔들리는 갈대 같은 남자. 지금도 숙종은 그런 이야기의 주인공으로 소비되지만 그의 치세를 뜯어보면 사랑에 목숨을 거는 이미지는 홀연히 사라지고 만다.

숙종은 현종의 외아들이었고 현종도 효종의 외아들이었다. 즉, 2대독자였다는 말이다. 덕분에 숙종은 나면서부터 왕위를 약속받았고, 금지옥엽이란 말도 부족해 백금가지에 다이아몬드 이파리라고 해도 될 정도의 신분이었다. 그렇게 귀한 왕손이었으니 그 성장 과정이 오죽했겠는가. 성격이 제멋대로가 된 것은 자연스러운 수순일지도 모른다. 이기적이고 제멋대로 굴어도 어릴 때는 그러려니 넘어갈 수도 있다. 하지만 어른이 되고, 게다가 막강한 권한을 가지고 있는 나라의 임금이 되어서도 변치 않는다면? 위험도가 상당히 커질 수밖에 없다.

숙종의 치세는 폭풍과도 같이 부침이 끊이지 않았다. 대략 시기와 내용을 정리해보면 다음과 같다.

숙종 즉위 직후: 숙종이 즉위하자마자 서인들이 쫓겨나고 남인 정권이 들어섰다. 이것은 딱히 숙종이 원했다기보다는 2차 예송논쟁의 결과물이었다. 정적을 쫓아내는 데서 그치는 그나마 부드러운(?) 환국이었다.

경신환국 혹은 경신대출척: 1680년(숙종 6), 복선군의 역적모의를 빌미로 복창군, 복평군까지 처형당했으며, 여기에 허견과 윤휴를 비롯한 남인 정권의 사람들마저 모두 죽임을 당했다. 이로써 서인정권이 들어서게 된다.

기사환국: 1689년(숙종 15), 장희빈의 아들 경종을 원자로 삼는 문제를 빌미로 여기에 반대한 서인들이 줄사약을 받고 몰살당한다. 서인을 대표하던 산림 송

시열, 정승 김수항이 죽었고, 이후로 남인 정권이 다시 들어선다.

갑술환국: 1694년(숙종 21), 인현왕후가 복권되고 장희빈이 왕비 자리에서 쫓겨난다. 그리고 남인들이 쫓겨나고 죽임당했으며, 서인들의 정권이 들어서게 된다.

이처럼 숙종 시기는 5~6년 기점으로 정권이 뒤집히는 격변기였다. 당파싸움은 선조 때부터 있어 왔지만, 숙종 시기를 기점으로 그 결이 완전히 달라졌다. 사화가 벌어지면, 상대파를 완전히 몰살을 시켜 버렸다. 그래서 새로운 환국이 벌어지면 지난번에 당했던 당파는 받은 만큼의 복수를 하려 했고, 몰살은 반복되었다. 이런 환국이 거듭되다 보니 양쪽 당파에서 무수한 사람들이 죽어 나갔고, 왕족들도 죽임을 당했다. 그렇게 피에 물든 숙청의 칼날이 지나가고 난 뒤에는 변변찮은 인물만 남게 되었으며, 이들은 죽은 이들만큼의 능력과 기개를 가지지 못했기에 결과적으로 왕이 가진 권한만 늘어났다. 그래서 숙종은 "내가 당파싸움 없앴지롱!"이라고 자신만만해하기도 했다는데 그것은 완벽한 착각이고, 그저 조정을 나무도 풀도 없는 허허벌판, 초토화 상태로 만들어 버린 것이라 할 수 있다.

왕국에서 왕의 권한이 너무 약하면 그것도 문제이긴 하다. 숙종 이전 조선은 인조의 삽질과 여러 번의 전쟁, 비정상적인 왕위 계승을 거치며 왕의 체면이 땅에 떨어진 상태였다. 산림의 위상이 너무 강해져 청나라에서 대놓고 "너희들은 신하가 임금보다 강하지?"라고 놀리기까지 했다.

따라서 숙종에게 왕의 권력을 강화할 필요가 있긴 했으나 이렇게까지 환국을 좋아할 필요까지 있었을까? 정국이 이렇게 된 것은 숙종의 불 같은 성격 탓도 크다. 좋을 때는 하늘의 별이라도 따줄 것처럼 활활 타오르다가, 싫어지면 얼음처럼 매몰차고 상대를 죽이기까지 했다. 그냥 죽이는 것도 아니라 자기들끼리 싸우다 죽게 만드는 악랄한 방법을 이용했다. 숙종은 옷을 갈아입는 것마냥 정치적 파트너를 갈아치워가며 환국을 일삼았고, 이 연장선상에서 보면 숙종의 연애담도 다시 보게 된다. 숙종은 과연 인현왕후와 장희빈, 둘 중 한 사람이라도 제대로 사랑하긴 한 것일까?

조선
왕조
실록

	현종	몸 축난다ㅜㅜ
	휴지	저도요ㅠㅠㅠ

하나요 푸드득

백성들은 나를
상上이라고 부른다.

최고로 높으신 분이란 뜻이다.

18대 왕 현종
(핼쑥, 34세)

하지만
나도 사람인지라,
울고, 웃고, 화내고,

이렇게… 배탈도 앓는데.

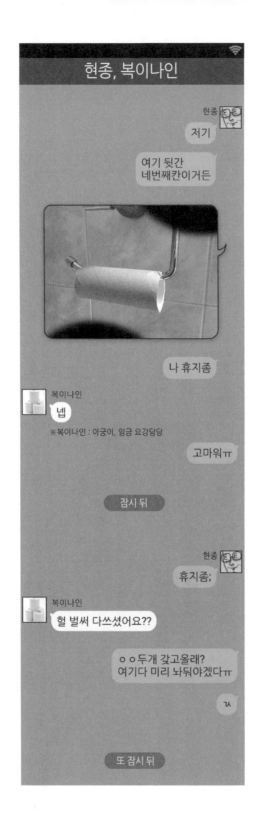

둘이요
사표 대잔치

요즘 신하들 사이에서
나한테 사표 쓰기가 인기다.

아주 별별 이유를 들어
인피를 해댄다.

※인피引避 : 스스로 벼슬에서 물러남.

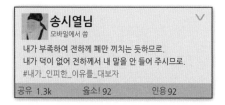

송시열님
모바일에서 씀
내가 부족하여 전하께 폐만 끼치는 듯하므로.
내가 덕이 없어 전하께서 내 말을 안 들어 주시므로.
#내가_인피한_이유를_대보자

공유 1.3k   읍소! 92   인용 92

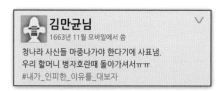

김만균님
1663년 11월 모바일에서 씀
청나라 사신들 마중나가야 한다기에 사표냄.
우리 할머니 병자호란때 돌아가셔서ㅠㅠ
#내가_인피한_이유를_대보자

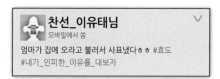

찬선_이유태님
모바일에서 씀
엄마가 집에 오라고 불러서 사표냈다ㅎㅎ #효도
#내가_인피한_이유를_대보자

그래, 진정한 선비는
벼슬 따위에 연연하지 않지.
처음엔 멋있다고 생각했다.

근데 있잖아.
얼마 전에…….

내가 이런 글을 봤거든?

조선왕조실톡

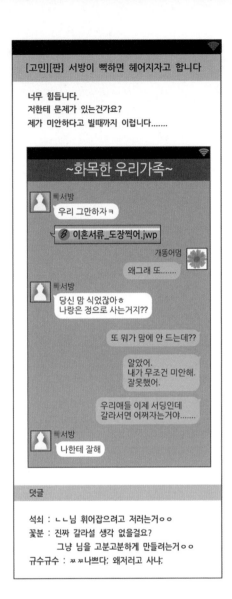

에이~ㅎㅎ;;;
아닐 거야.

아무리 조선이
사대부의 나라라도 그렇지.
감히 날 길들이는 거겠어ㅎㅎ?

앵그리 서인

전하

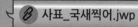 📎 사표_국새찍어.jwp

우리 그만하죠

현종

왜그래또;

 앵그리 서인

솔직히 남인한테
마음 주셨잖아요ㅎ

[속보] 전하 분노"내가 우습냐?"

전하 어머님(대비마마)사망…
서인 "상복 아무거나 입으시죠"
주상전하 "서인들 장난? 송시열 나가"

저희같은 모지리ㅎㅎ
사실 얼굴도 보기 싫으신데
군신유의때문에 참으시는거죠?

저거는 너희 잘못 맞잖아;;;

알았어 내가 좀 심했다 인정

우리가 만든 제도랑 법들……
아직 정착도 안 됐는데
과인 혼자 어떡하라구ㅠㅠㅠ

 앵그리 서인

하…….

이제 잘할게 응ㅠㅠ?

😊 전송

어;;;?

잠깐만.
그러고 보니

서인이고 남인이고
쯤만 수틀리면
때려치겠다면서 나 협박하고!

그런 거야???
신하들이 날 호구로 본 거네??

104
∨
105

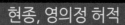

현종, 영의정 허적

영의정 허적(남인)

저 출근 안했습니다.......
지금 뚝섬입니다.......

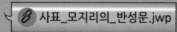
📎 사표_모지리의_반성문.jwp

고향 내려갑니다.......
만수무강하십시오.......

현종

아제발;;;;;;;;;

허적님이 퇴장하셨습니다.

다음날

현종님이 허적님을 초대했습니다.

현종

하루 쉬니깐 맘좀 풀렸지?

곧 청나라 사신들 온대
영접할 준비 해야함

얼른와요

다음날

현종

아니 영의정 없이
외교를 어떻게 하란거야;;;

현종님의 선물 :
마패 하이패스 기후칙혼

(그림)

‖‖‖‖‖‖‖‖‖‖‖‖‖‖

※충신에게만 제공합니다(가족안장 옵션포함).

현종대, 하도
사표 내는 사람이 많아

국무총리, 교육부 장관이
편의점 알바보다 더
자주 바뀌다.

아싸 앞으로 한번ㅋ

안돼!!우리가 딸린다;;!!!

학질에 걸려
인삼차만 겨우 마시며
골골 앓던 현종,

죽기 전날까지도
떠난 신하를 애타게 기다리다.

(이글이글)

쫙!

쫘작!

← 19대 숙종(14)
현종 아들

실록에 기록된 것

- 관료들, 자기 주장이 왕에게 받아들여지지 않으면 사직서를 내고 시골에 가 버리다.
- 효종대부터 명예인피 더욱 늘다. 선비에게 애걸복걸해 도로 모셔 오는 것을 임금의 미덕으로 여기다.
- 송시열, 허적 등 대표적 정치인들은 물론 6조판서 및 갓 신입 관료들까지, 자신의 소신을 드러내는 무기로 사표를 경쟁적으로 활용하다.
- 현종의 어머니 인선왕후 사망하다. 1차 예송논쟁에서 우위를 점한 후 집권 중이던 서인들, 상복을 고를 때 실수하다. 그러자 현종, "무슨 일을 그따위로 하는가? 나를 능멸하는가?" 하며 분노하다. 관계자들을 처벌하자 서인의 인피가 줄 잇다.
- 하도 그만두는 사람이 많아 행정에 구멍이 났다고 신하들이 아뢰자, 현종, "요즘 신하들이 물러나가 소를 올리고는 반드시 내가 고치기를 기다렸다가 나오려고 하고 있다"며 화내다. 왕이 불러도 안 오는 자들을 처벌하라고 하다.
- 영의정 허적, 인피하고 떠나 버리다. 학질 앓던 현종, "허적이 서울로 올 수 있도록 말을 미리 보낼 걸 그랬구나" 하며 애타게 기다리다. 허적 돌아온 다음 날 급사하다.

참고

- 임금들에게 화장실은 없었다. 장에 신호가 오면 복이나인을 불러 매화틀(변기)을 대령하도록 했다.

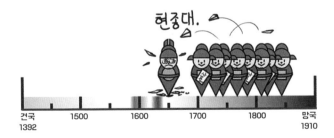

현종대.

건국
1392
1500
1600
1700
1800
망국
1910

108
109

- 여덟 번째 이야기 -

조선왕조의
후손 부족 사태

현종은 허약한 체질이었다. 어릴 때부터 갖은 병을 달고 다녔고 글을 읽기 힘들 정도로 눈도 나빴으며, 종기도 자주 생겼다. 전문 치료진이 딸려 있고 툭하면 온천 요양을 다녀왔으며, 그 외에도 몸에 좋다는 것은 안 해본 게 없었을 테지만 타고난 체질이 약한 것은 어쩔 수 없었던 모양이다. 그런 현종의 가장 큰 문제점은 이후로 후손이 몹시 귀해졌다는 것이다.

효종에게는 모두 열 명의 자식이 있었고 그중 아들이 셋이었다. 그러나 무사히 자라 성인이 된 아들은 현종 한 사람뿐이었다. 그리고 조선의 왕이 될 수 있는 것은 오로지 남자뿐이었으니 하나뿐인 선택지인 현종이 즉위를 하긴 했는데….

현종은 후궁 없이 오로지 정비인 명성왕후 김씨 사이에서만 자식을 보았는데, 자식들도 그렇게 건강하진 않았다. 현종은 다섯 딸과 아들 하나를 두었지만 장성해서 결혼을 한 자식은 오직 숙종과 명안공주뿐이었다. 명안공주도 스무 살에 덜커덕 죽고 말았으니, 제대로 살아남은 자식은 숙종 혼자였다.

숙종도 아버지 못지않은 허약 체질이었고 당연히 자식도 많이 보지 못했다. 왕후를 셋이나 들였지만 첫 번째 왕후인 인경왕후가 낳은 두 딸은 모두 어린 나이에 일찍 죽었고, 다른 왕후들은 자식을 낳지 못했다. 잘 알려진 대로 장희빈에게서 아들 둘을 얻었지만 경종을 제외한 다른 아들은 요절했고, 숙빈 최씨도 아들 셋을 낳았지만 하나만 살아남았으니 그가 영조였다. 명빈 박씨에게 아들 둘을 얻었지만 모두 어린 나이에 죽었다. 흔히 숙종 하면 자식이 없어서 환국까지 일으켰을 정도로 후계자 난에 시달린 임금으로 생각하는데, 원래 숙종은 아홉 명의 자식들이 있었다. 다만 대부분이 일찍 죽었을 따름이다.

그 다음으로 왕이 된 경종은 더 이상 설명이 필요 없다. 건강도 꽝인 데다가 자식도 얻지 못한 채 왕이 되자 신하들이 "동생 연잉군을 후계자로 삼으라"라고 했을 정도이니. 실제로도 경종은 자식이 없어 동생 연잉군에게 왕위를 넘겼다.

영조는 어머니 숙빈 최씨에게서 물려받은 강한 체력 유전자 덕분에 개량이 되었는지 83세까지 살았다. 후궁도 여럿 두고 열네 명의 자식을 두었다. 하지만 그 중 딸이 열두 명이었으며 첫째 아들 효장세자는 일찍 죽었고, 둘째 아들은 바로 그 사도세자였다.

사도세자는 정실부인인 혜경궁 홍씨에게서 아들 둘 딸 둘을 얻었다. 첫째 아들은 요절했고 둘째 아들이 정조였다. 여러 후궁들에게서 은언군, 은신군, 은전군 세 서자도 얻었지만 본인이 뒤주 속에서 죽었다. 정조는 또 어떤가. 정비인 효의왕후 사이에선 자식이 없었고, 큰아들 문효세자는 요절했으며 힘들게 얻은 둘째 아들이 간신히 살아남아 순조가 되었다. 딸은 숙선옹주 하나뿐이었다. 정조에게도 여러 후궁이 있었지만 자식이 단 둘이라는, 임금치고는 몹시도 단촐한 가족 구성이었다.

순조는 효장세자를 얻었지만 그 역시 일찍 죽었고, 그 외엔 자식이 없어 효장세자의 아들, 즉 손자가 즉위해 헌종이 되었으나 그도 자식 없이 세상을 떠나는 바람에 정조의 남자 자손들은 맥이 끊겨 버렸다. 그래서 족보를 거슬러 올라가 사도세자의 아들 은언군의 후손 이원범이 왕이 되었으니 바로 철종이다. 철종도 자식이 없었고, 그가 죽으면서 효종의 남자 자손들의 맥도 단절된다. 그 다음으로 왕이 된 고종은 인조의 셋째 아들이자 소현세자, 효종의 동생이던 인평대군의 후손이었으니, 당시 조선왕조가 얼마나 극심한 저출산 및 후계자 난에 시달렸는지 알 수 있다. 아들뿐 아니라 딸이 태어나더라도 일찍 사망했고, 설령 결혼을 해도 자식을 보지 못한 채 죽는 경우가 허다했다.

아무리 의료기술이 발달하지 못해 영아사망률이 높았던 옛날임을 감안해도 조선왕조의 후손 부족은 지나치게 극심했다. 그저 아이만 안 생기는 것이 아니라 차츰 몸과 마음이 허약한 왕들이 배출되었다. 원래 조선왕조는 함경도에서 말을 달리던 체육계 가문에서 시작되었다. 태조 이성계는 전국을 말달리며 전쟁을 벌였던 용맹한 장수였으며, 태종은 사냥을 즐기며 노루를 잡던 사람이었다. 자식들도 많았다. 그러나 이 시대에 이르면 선조들의 건강하던 체력과 왕성한 번식력은 먼지처럼 사라져 버리고 연약함의 가계가 줄줄이 이어지게 된다. 한편 효종의 자손과는 달리 소현세자의 자손들은 역모 혐의에 치이면서도 번성했으니 이 또한 아이러니한 일이다.

09
먹으면 안 돼!

낙지		뭐
게		뭐 왜 뭐

하 나 요

시험끝

며칠 전,
과거시험이 끝났다.

성적발표 날 때까지
#먹고 #싸고 #자는 중.

경기도
김진사(33)

와…….

[하이라이트] 맛좋은 왈패들 - 한입줍쇼 모음

자동추천 동영상들

 [많이먹기] 초밥 50인분 [왜국]

 [먹방] 입 긴 천지신명님~! 고봉밥 10공기

 육조거리 제일가는 주막탐방 [함투부]

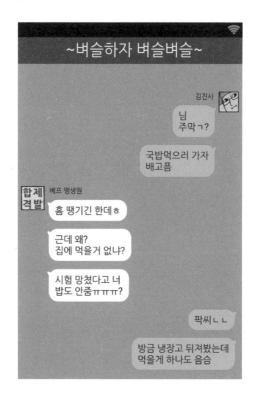

이거랑

이거
끝

합격발제 베프 맹생원

헐 진짜네
먹을게 없네
ㅠㅠ

유유

+ ☺ 전송

둘이요

낙지

무슨 소리냐고?
진수성찬 아니냐고?

ㄴㄴ
저것들 먹으면 안 돼.

수험생들
미역국 안 먹잖아?
합격에서 미끄러질까봐.

그거랑 같은 거거든ㅇㅇ

114
∨
115

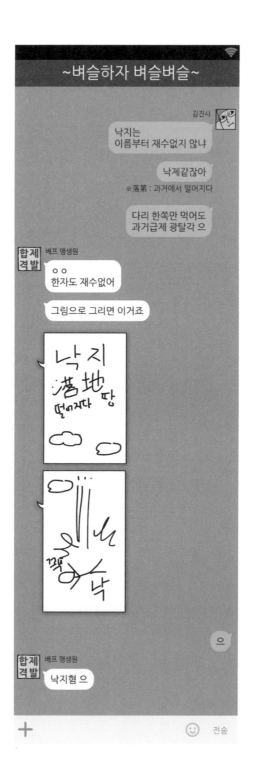

같은 이유로
게도 절대 안 먹어.

[게 해]

蟹

※ 解(흩어져 없어지다)를
머리에 이고 있어서 재수가 없다고 함.

피할 수 있는 불행은
최대한 다 피해봐야지ㅠㅠ

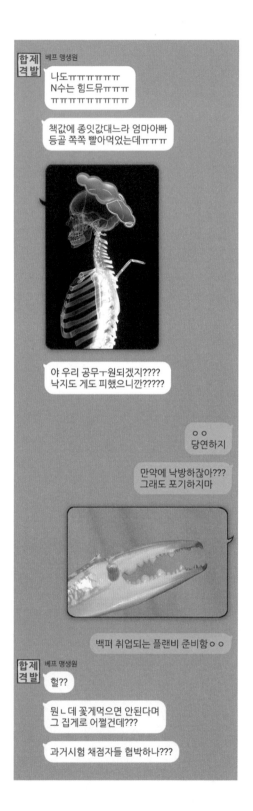

다행히 우리 둘 다 과거 급제했다.

그리하였다고 한다.

끝.

실록에 기록된 것

- 조선시대 백성들, 전 재산을 모두 털어가며 자식을 과거시험 공부시키다. 공부에 필요한 책값과 종잇값이 매우 비쌌을 뿐더러, 공부하는 자식은 노동을 할 수 없어 끊임없이 뒷바라지를 해줘야 했기 때문.
- 과거시험 평균 합격 연령은 30대 후반. 8세 즈음부터 과거 공부를 시작했으므로 30여 년 가까이 공부만 해야 했다.
- 선비들, 합격을 위해 미신에 매달리다. 불공을 드리거나, 특정 음식을 피하다.
- 과거 급제자 발표는 시험 당일, 혹은 3~15일 후.
- 낙지는 여러 한자로 쓰이다. 落地, 章魚 등. 『세종실록지리지』에서는 落地라고 적다.
- 가난한 집안의 자식들, 먹고살기 위해 스스로 환자(거세한 사람)가 되다. 죽는 사람이 많아 사회적인 문제가 되다.

기록에 없는 것

- 낙지는 SNS를 못한다.

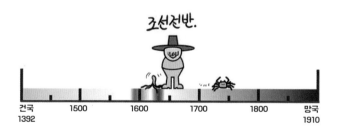

조선전반.

건국 1392   1500   1600   1700   1800   망국 1910

조상의 지혜라고 무작정 따르지 말 것

게와 감은 한식의 가장 대표적인 금기 조합이다. 먹는다고 죽는 건 아니지만 배탈을 자주 일으킨다는 이유로 꺼렸다고 한다. 현대 의학의 측면에서 설명하자면, 감의 탄닌 성분이 게의 단백질 을 딱딱하게 해 소화를 방해한다고 한다. 옛날 사람들이 음 식 조합의 좋고 나쁨을 어떻게 알았을까? 먼 옛날 풀의 쓸모 를 알아보기 위해 직접 온 들판의 풀을 우적우적 씹어 먹었다는 고대 중국의 신농처럼, 옛 사람들이 믿었던 음식 궁합이란 직접 먹고 겪은 생활의 지혜에서 나와 쌓인 것들이리라. 그렇다고 해서 무턱대고 옛 조상들 이 물려준 지혜라고 하기에는 잘못된 지식들도 많다.

쌀은 지금까지도 한국인들의 주식인 밥의 재료이다. 가장 맛있는 밥이라면 역시 그 해에 거둔 햅쌀로 지은 게 아닐까? 조선 사람들에게 이렇게 묻는다면 "큰일날 소리!"라는 답이 돌아올 것이다. 조선 사람들은 햅쌀에 독이 있다고 믿었다. 이 독 은 서리를 맞기 전까지만 있다가, 서리를 맞은 뒤에는 사라지는 신비한 독이라 생 각했다. 그래서 조선 사람들은 햅쌀로만 밥을 짓기를 꺼렸다. 밥을 지을 때는 일부 러 묵은 쌀을 남겨 두었다가 햅쌀과 반씩 섞어서 밥을 지었고, 햅쌀로 밥을 지을 때 면 밥을 짓는 동안 계속 물을 퍼내고 새 물을 넣었다. 아니면 뜨거운 물에다가 햅쌀 을 넣어 박박박 씻은 뒤, 다시 찬 물을 넣어 밥을 짓기도 했다. 이런 이야기가 『농정 회요』나 『박해통고』 같은 옛날의 요리 책에 고루 실린 것을 보면 햅쌀에 독이 있다 는 설은 조선 사람들에게 널리 퍼져 있었던 듯하다.

또 하나의 금기 음식은 닭, 그리고 마늘과 찹쌀이었다. 왜인지 조선 사람들은 이 음식들이 서로 맞지 않는다고 여겼다. 『규합총서』라는 책에는 겨자, 개의 간, 잉어, 파, 오얏, 찹쌀을 닭고기와 먹으면 안 된다는 말이 있고, 실제로도 조선시대 닭 요리 레시피를 보면 마늘은 절대로 들어가지 않는다. 즉 요즘 우리에게 가장 익숙한 한국식 닭 요리인 삼계탕이 없었다는 말이다. 닭의 배 속에다가 찹쌀과 마늘을 넣어 푹 끓인 복날의 영양식인 삼계탕은 조선시대에는 없었다. 대신 유명한 닭 요리로는 계고鷄膏가 있었다. 닭을 물에 넣고 오래오래 끓이다가 살을 발라내고 국물에다 멥쌀을 넣어 익힌 뒤 소금으로 간을 하면 끝인 요리였다. 때로 도라지나 된장을 넣기도 했지만 가장 기본적인 요리는 심플한 닭죽으로, 조선시대에 광범위하게 먹었다. 지금 생각하기에는 마늘 같은 향신채 없이 닭만 물에 넣고 끓였다니 닭 비린내가 어마어마했을 것 같지만 말이다.

정조는 세손 시절 빡빡하고 긴장 넘치는 생활을 지내서인지, 본인의 급한 성격 탓인지 곧잘 속병을 앓고 밥을 못 먹곤 했다. 1773년, 세손이 병을 앓아 며칠이나 제대로 먹지 못하자 어의들은 닭죽을 먹이자고 권했고 영조는 몹시 걱정했다.

"닭죽 엄청 비리잖아. 내 생각에 걔는 그거 안 먹을 것 같은데."

다행히 정조는 닭죽을 잘 먹어 건강을 되찾았고, 영조는 "닭죽을 잘 먹는다니 기특하구나"라며 기뻐했다. 마치 밥 안 먹는 세 살짜리 손자를 두고 하는 말 같지만 당시 정조의 나이는 스물한 살이었다. 할아버지에게 손자는 언제까지나 어린 아이였다.

닭죽, 치킨 스프 등 닭을 오래 끓인 요리는 동서양을 막론하고 환자식으로 사랑받았다. 그러나 정작 조선 사람들은 이 음식이 천연두에 좋지 않다고 생각했다. 천연두에 걸려 고생을 하다 보면 체력이 떨어지기 마련이고 특히 아이들의 경우는 더욱 그랬다. 이럴 때 닭고기라도 먹어 체력을 회복해야 하는데 닭이 천연두에 좋지 않다는 믿음 때문에 아이들에게 먹이지 않았고, 닭고기 외에는 딱히 보양식도 없었던 시절 많은 아이들이 죽었다. 정조 때의 이덕무는 이런 미신 때문에 "아이들이 잘 먹지 못해 죽는다"며 한탄하기도 했다. 정조의 손자 헌종이 천연두를 앓자 그의 외할아버지인 풍은부원군 조만영은 직접 닭곰탕을 가져왔는데 궁인들이 막자 호통을 쳐 쫓아냈다. 덕분에 잘 먹은 헌종은 병이 나을 수 있었다. 결국 오늘날 사람들이 '조상의 지혜'라는 말로 전해져 오는 구습을 무조건 섬길 필요는 없다. 이처럼 엉터리 투성이인 것이 조상의 지혜이기도 하니까. 조선왕조실록

하나요

상투

난 사극이 정말 좋다.
상상력을 자극하기 때문이다.

옛날이야기들이지만,
가슴 두근두근해 미침ㅜ

#판도라의_상자

200여 년 전,
조선시대.

이쁘네

상남자 김계동

팍씨ㅜ

그렇게 큰가;;;;;하긴
요즘 갓쓰면 꽉 차긴함;

ㅇㅇ슬슬 칠때된듯

시원하게 치고와

상남자 김계동

흠 그럴까

하긴 머리도 무겁고
여름이라 덥기도 하고......

ㅇㅋ
치러감

숱? 머리 길이?
아니다.

조상님들이 상투를 틀기 위해
'쳤던' 것은 바로.

[배코(백호)치기]

'상투를 잘 틀기 위해
정수리 머리를 빡빡 밀던 것.'

2016년, 현대.

셋이요
매늘매늘

그렇게 난
사극 중독을 고쳤다.

처음 과탑도 했다.

고마워, 배코⋯⋯.

아······.

끝.

실록에 기록된 것 정사 正史

- 조선시대 큰 상투는 권력과 사치의 상징. 신하들, 임금에게 "높은 사람들이 사치를 일삼으면 한 자(30cm)에 이르는 상투가 백성들 사이에서 유행한다"며, 큰 상투를 조심하라고 늘 조언하다.
- 실제로 고위층들이 큰 상투를 틀어, 태조조에는 상투에 몰래 기밀문서를 숨겨 나갈 정도였다고.
- 백성들, 정수리 머리카락을 밀어 상투를 틀어 올리다.
  (『하재일기』 中 : 머리털을 잘라 내고 배코 치고 상투를 빗질하고 돌아왔다.)

기록에 없는 것 픽션

- 조선에 메이크업 어플은 없었다.

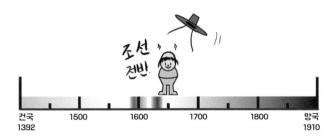

조선
전반

건국   1500   1600   1700   1800   망국
1392   1910

- 열 번째 이야기 -
상투에도 패션이 있다

남자아이가 태어나 어느 정도 자라게 되면 관례冠禮를 치른다. 고이고이 기른 머리를 위로 올려 상투를 틀고 나면 이제 어른 대접을 받게 된다. (여자들은 쪽을 졌다.) 상투는 아주 먼 옛날 신라시대의 유물이나 고구려의 무덤 벽화에서도 나타날 정도로 전통과 역사 깊은 헤어스타일이다. 머리를 곱게 빗은 뒤 동그랗게 모양을 만들어 정수리에 올리면 상투가 완성된다. 이때 머리가 잘 풀리지 않게 뾰족한 동곳을 박아 넣는데, 남자용 비녀라고 생각하면 된다. 이후에 빠져나오는 잔머리를 가리는 헤어밴드 망건을 두르면 단정하고도 트레디셔널한 상투 패션이 완성된다. 대부분의 서민들은 망건 같은 고급품을 가지기 힘들었고, 수건이나 천 등을 둘러 고정했다. 이걸 민상투라고 했다. 달랑 상투 말곤 아무것도 없다는 것이다.

조선시대에는 신체발부 수지부모라 하여 머리카락을 자르지 않고 계속 길러야 했다. 그러니 그 머리가 얼마나 길었겠으며 그 머리카락을 모은 상투는 얼마나 크고 무거웠겠는가. 율곡 이이는 젊은 시절 방황하다가 잠깐 머리를 깎고 승려가 되었다는 소문이 돌았는데 이는 유교의 나라 조선에서는 이단에 빠진 것으로 정말로 심각한 문제였다. 이때 몇몇 사람들이 율곡은 그런 적 없다고 옹호하며 한 말이 "상투가 주먹만큼 컸어!"였다.

머리숱이 많은 남자는 자연히 상투도 컸고, 머리 위에 커다란 짐을 얹고 다니는 것과 같았다. 비록 가채를 얹고 다니다 목을 다치기도 했던 여자들에 비할 바는 아니었겠지만, 그래도 크고 무거운 상투는 조선 남자들의 목 건강에 큰 해를 끼쳤을 것이다. 그래서 어떤 사람들은 양계兩髻, 즉 양 갈래로 갈라진 트윈 상투를 틀기도 했다. 이처럼 긴 머리로 상투를 트는 것은 생각보다 불편한 일이었기에 많은 남자들은 상투밑(배코)의 머리털을 돌려 깎거나 상투 틀기 딱 좋은 만큼만 남겨 두고 머리를 자르기도 했다. 자른 머리카락을 버리지 않고 소중히 간직하긴 했지만.

조선 남자들의 상투는 법도에 따라 틀고 다니는 것이었지만 동시에 패션의 일

부이기도 했다. 특히 조선시대 멋쟁이로 유명했던 관직인 별감들은 머리끝에서부
터 발끝까지 최고급 브랜드 명품으로 도배를 하고 멋을 부렸는데 상투도 예외는
아니었다. 「한양가」에서는 별감의 패션을 이렇게 이야기하고 있다.

別감의 거동 보소, 난번별감 백여 명이
맵시도 있거니와 치장도 놀라울사
편월상투 밀화동곳 대자동곳 섞어 꽂고
곱게 뜬 평양망건, 외점박이 대모관자…

편월상투란 머리카락을 곱게 빗고 낱낱이 펴서 조각달처럼 보이게 모양을 낸
패셔너블한 상투였다. 말로는 쉽지만 빗으로 한참 용을 써야 만들어지는 엄청난
정성이 필요한 상투였다. 밀화동곳은 보석인 호박을 깎아 만든 동곳이었고, 대
자동곳은 보통 동곳보다 훨씬 커서 상투에 포인트를 주는 용도로 쓰인 동곳으로
짐작된다.

평양망건은 조선시대 망건 중에서 최고의 명품이었던 것 같다. 망건은 말총을
섬세하게 엮어 만드는데 이마 쪽은 한 겹으로 해서 맨살이 보일 듯 말 듯 시스루
로 연출했다. 망건을 동여매는 당줄에 달린 장식이 바로 관자인데, 높은 관리들
은 금과 은으로 된 관자를 하고 보통 관원은 옥으로 된 관자를 달았다. 여기서 별
감이 한 대모관자는 바다거북의 등딱지를 깎아서 만든 것으로 귀하기도 하거니와
세련된 무늬로 멋을 부릴 수 있었다. 이 위에 갓이나 정자관, 초립 등을 얹으면 정
작 이렇게 공들여 만든 상투는 잘 보이지도 않게 되었지만 예나 지금이나 멋쟁이
들은 남에게 보이지 않는 부분에서부터 신경을 썼던 모양이다.

조선
왕조
실록

2부

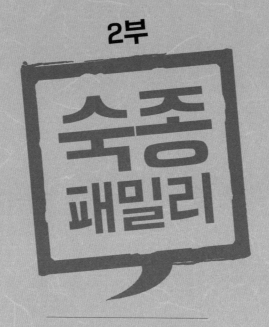

숙종 1674~1720년 재위

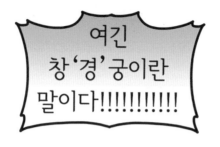

여긴
창'경'궁이란
말이다!!!!!!!!!!!

창덕궁 VS. 창경궁

헷갈리는 궁궐 이름
오늘 내가 해결해줌ㅇㅇ

 창덕궁　　본진ㅎㅎ

 창경궁　　3시 멀티ㅠ

하나요
경복궁

아, 분명히
이 생각한 사람
있을 거다.

**"조선 왕들은
다 경복궁에 사는 거
아니었어요?"**

응 아니야~

조선왕조실톡

顔 안면장부

★조선 부동산의 모든것★

첫사랑처럼 애틋한 조선의 첫 보금자리 #경복궁!
건국의 주역 태조 이성계와 정도전이
정성껏 지었습니다. #한양 #명당오브_명당

👍 이방원, 이방석님 외 139.5k

무학대사 : @태조_이성계 여기 집터 별롭니다...;
　　　　　궁궐 지으면 여러사람 다칠각인데....;
정도전 : @무학대사 시끄러 땡중ㄴ

1398년,
태종 할바마마께선
왕자의 난을 일으키셨어.

바로 경복궁에서.

※왕자의 난 : 태종 이방원이
배다른 형제 이방석, 이방번과
정도전 일파를 죽인 사건.

근데 그때부터 궁에서
이상한 일이 일어났다더라고.

그때 새로 지은 게
바로 창덕궁.

 안면장부

★조선 부동산의 모든것★

조선의 첫번째 멀티, 하지만
사실상 500년 조선왕조의 #본진!
덕이 넘치는 #창덕궁에서 행복찾으세요~

👍 태종, 세종···정조, 흥선대원군 외 140.5k

태종_이방원 : 입주민들 줄서봐라ㅋ 하나
└세종 : 2
└문종 : 333
└단종 : 4......
└숙종 : ㅋㅋㅋ저도 손
└정조 : 나도ㅋㅋㅋㅋㅋ
└흥선대원군 : 껴봅니다

※대부분의 조선 왕들이 창덕궁에서 생활했다.

워낙 아늑하고 예뻐서
태종 할바마마도 정 붙이고
잘 사셨단다.

그리고 13년 뒤,
슈퍼스타★세종 할바마마께
왕위를 넘기고 물러나셨는데.

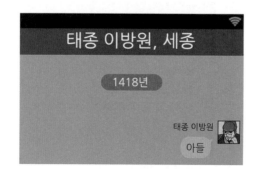

아빠 창덕궁 나갈란다

♥ 아들램 ♥
네??;;;

명퇴한 늙은이가 방 차지해서
뭐하냐 눈치보이게 ㅋㅋ

느이 엄마랑 밖에서
편히 노후나 즐기련다 ㅇㅇ

♥ 아들램 ♥
아........이 집
좁아서 불편하시죠ㅠ

제가 아예 새로
궁궐 하나 지어드릴게요

창덕궁 바로 옆 어떠세요

캬 역시 울아들
이쁘다 이뻐

하루라도 니 얼굴 못보면
아빠 못사는거 알지ㅠㅠ??

자주자주 놀러오구

♥ 아들램 ♥
네ㅎㅎ

양녕이형도 데리고 갈게요

그때 세종께서
아버지 태종을 위해
지으신 게 이곳, 창경궁ㅇㅇ

顔 안면장부

★조선 부동산의 모든것★

우리 어마마마, 아바마마들의 두번째 인생을 위한!
아늑한 힐링 스페이스~실버타운 #창경궁

👍 상왕전하, 대비마마, 대왕대비마마 외 141.8k

뭐?

그럼 새파랗게 젊은 내가
왜 여기에 있느냐고?

…….

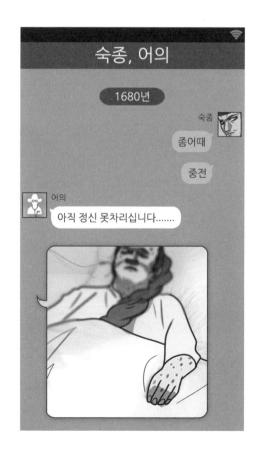

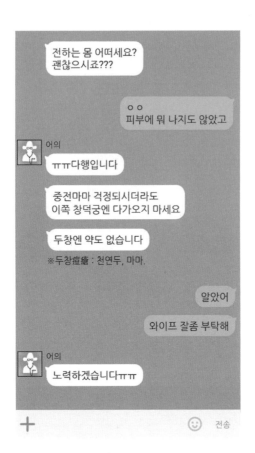

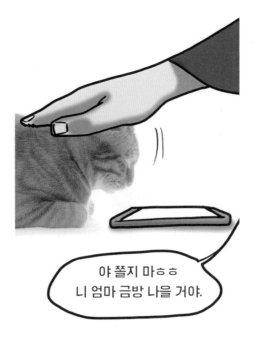

숙종,
10세에 결혼하다.

그러나 10년 뒤
1680년,

동갑내기 아내 인경왕후
두창에 걸려 8일 만에 죽다.

그리하였다고 한다.

쯧쯧쯧

정사 正史

- 태조 이성계, 조선 건국하고 한양을 도읍으로 정하다. 궁궐을 짓자 정도전이 '경복궁'이라는 이름을 붙이다.
- 이방원, 왕자의 난을 일으켜 이복형제들을 죽이다. 태종 되다.
- 태종 이방원, 경복궁에 사는 동안 온갖 괴이한 일에 시달리다. 까마귀 및 부엉이가 계속 울고, 비가 내리지 않다. 결국 새 궁궐 창덕궁을 짓다. 경복궁은 왕실 행사, 사신 접대, 업무 시 주로 사용하다.
- 세종, 즉위하다. 물러난 태종을 위해 수강궁(壽康宮)을 짓다. 성종이 왕실 어르신들을 모시고자 궁궐을 리모델링한 뒤 창경궁이라고 새로 이름 짓다.
- 조선 왕들, 전염병, 재난 시에 궁궐을 옮겨 다니다.
- 태종, 수강궁이라는 이름을 싫어하다. 송나라 광종이 6년간 갇혀 있다 죽은 궁궐과 이름이 같았기 때문. 명명한 신하들 사죄하다.
- 양녕대군, 세종 즉위한 뒤에도 사고 치고 다니다. 태종, 양녕을 수강궁으로 불러서는 "동생(세종)한테 미안하지도 않냐"며 혼내다.
- 숙종, 스무 살에 첫 왕비 인경왕후를 두창으로 잃다. 이후 궁녀 장씨(장희빈)를 만나 총애하다.

- 덕수궁 : 임진왜란 때 궁궐이 모두 불타 선조가 임시로 살던 집. 광해군과 고종이 리모델링.
- 경희궁 : 광해군이 인조 아빠인 정원군 집을 부수고 지은 궁궐.

..... !!!

건국 1392　　1500　　1600　　1700　　1800　　망국 1910

창경궁 유령 소동

1664년(현종 5), 몸이 안 좋던 현종이 침을 맞고 있는데 약방 도제조인 허적이 말했다.

"소문에 자전(인선왕후) 계신 곳에 귀신이 나온다면서요? 특히 창경궁 통명전에서요?"

헛소문이 아니었다. 현종도 고민하던 문제였으니까. 이 유령 소동은 이후로도 한참 동안 해결이 되지 않았는지 2년 뒤에도 정승들이 창경궁 통명전에서 유령이 나온다는 소문에 대해 (그때도 침을 맞고 있던) 현종에게 물어볼 정도였다. 현종은 수긍했다. 왜 이런 이야기가 나왔는가 하니, 창경궁에서 돌덩이나 기와 조각이 날아들고 옷에 불이 붙으며 궁녀들의 머리카락이 잘려 나가는 일이 발생했던 것이다. 한두 번도 아니었으며 특히 궁인들이 많이 모여 있는 곳은 더욱 심했다고 한다. 그야말로 폴터가이스트(poltergeist, 시끄러운 유령) 현상이었다.

통명전은 성종 때 처음 지어졌고 전쟁 때 불에 타 광해군 때 다시 만든 것이니 그렇게 오래된 건물도 아니었다. 그래도 광해군이 쫓겨나고 인조가 피난을 갔으며 소현세자와 민회빈이 비명에 가는 등 갖은 억울한 사연이 켜켜이 쌓였으니 유령이 나타난다고 해서 그리 이상한 일은 아닐 것 같다.

조선시대 기록들을 보면 꽤 여러 번 유령에 대한 기록이 발견된다. 옛 사람들은 사람이 오랫동안 살지 않은 집에 유령이 나타난다 믿었다. 태종이 세상을 떠난 뒤 내내 창경궁은 비어 있었는데 세종은 사는 장소를 옮기라는 점괘를 듣고 창경궁으로 잠깐 옮겨 갔다. 주변 사람들은 오래 비어 있던 건물이니 귀매鬼魅가 깃들어 있으면 어쩌냐고 걱정했다.

그러나 사람이 사는 집에도 유령이 나온다는 이야기는 돌았다. 1486년(성종

17), 영의정 정창손의 집에 유령이 나타났다. 그 유령은 멋대로 집 안의 물건을 옮겼다고 한다. 호조좌랑인 이두의 집에는 여자 귀신이 벌건 대낮에도 나타나고 말을 하며 음식까지 먹었다고 한다. 이 일로 호기심이 동했는지, 임금은 직접 이두를 불러다가 "너희 집 유령 나왔다며? 어땠어?"라고 물어보았다. 이두의 말에 따르면 그의 집에 나타난 유령은 허리 밑에 허름한 하얀 치마를 입고 사람처럼 말을 했다고 한다. 나타났다 사라졌다 신출귀몰하는가 하면, 창문에 붙인 종이를 찢기도 하고 도깨비불도 밝히고, 기와나 돌을 던졌다. 그것에 부인이 살짝 부딪혀 피가 났다고도 했다. 이두는 직접 유령을 보지 못했지만 유령의 목소리는 두 번을 들어 보았다고 보고했다.

그럼 조선 사람들은 이런 유령 소동에 어떻게 대처했을까? 고스트버스터즈나 구마 사제를 부를 수는 없었으니, "사람이 다른 집으로 이사 간다"라는 소박한 방법을 썼다. 앞서 영의정 정창손은 집에 유령이 나타났음에도 집에서 살겠다며 버텼고, 인선왕후도 아들의 간곡한 부탁에도 불구하고 3년 넘게 창경궁에서 지냈다. 이두는 가족들과 함께 귀신을 피해 도망가기도 했지만 유령이 가족들을 쫓아와 이사 간 집에도 나타났다고 한다.

조선시대의 귀신들은 어떻게 생겼을까? 우리는 조선시대 귀신이라고 하면 머리를 풀어헤치고 하얀 소복을 입고 입가에 피를 묻힌 처녀귀신이나 도깨비 방망이를 휘두르는 도깨비를 생각한다. 당시 사람들이 생각했던 귀신의 형태도 지금과 같았을까? 세조의 기록은 이 부분에 힌트를 준다. 세조는 힘이 세고 개그를 잘 치며 자기 비위도 잘 맞춰주는 무뢰배 둘을 항상 곁에 두고 다녔는데 어쩌다 이 둘이 허세 배틀을 벌였다. "나는 귀신도 안 무서워하거든!"이라는 주제로 말이다. 세조는 이 싸움이 재미있다고 생각했는지, 그 하인들에게 담력 시합을 시켰다. 밤늦게 궁궐 아주 으슥한 후원에 가서 표를 세 개 놓고 오는 쪽이 이기는 방식이었다. 그런데 여기서 세조는 술수를 써 다른 사람들에게 옷을 벗고 머리를 풀어헤친 뒤 하얀 것을 머리에 쓰고 막대기를 든 채 숲 속에 숨어서 기다리게 했다. 사람이 오면 깜짝 놀래주라고 이르는 것도 잊지 않았다. 결론부터 말하자면 한 사람은 혼비백산했고, 다른 한 사람은 매복을 눈치 채서 시험을 통과했다고 한다. 이 서술을 보면 예나 지금이나 머리를 풀어헤치는 것이 귀신의 기본 옵션인 듯한데, 머리에 씌웠다는 '하얀 것'의 정체가 무엇이었는지는 현재도 뚜렷이 알 수가 없어 궁금해진다.

조선왕조실록

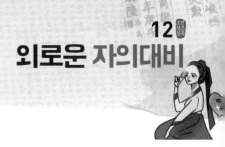

나는 자의대비.
18대 주상 현종의 할머니.

조선 왕실의
최고 어른이니라.

대왕대비 자의대비
(인조의 두 번째 왕비)

그럼
뭐하냐고~ㅠㅠ

 자의대비   오구오구♥

 아가   깢♥

뭐야? 할머니치곤
동안이시라고?

당연하지 ㅇㅅㅇ)=3
나 아직 40대 후반이야.

이 모진 세상아~

자의대비

청춘은 가고...외롭만 남았네...

그치만 마음은
폭삭 늙어버렸다~ㅠㅠ

내 사연 들어볼려……?

[고민][40대][여] 외롭고 허무합니다.....

익명

제 나이....겨우 15살에......
29살 많은 아저씨한테 시집와....[1]
사랑 한 번 못받았습니다......

남편...대놓고 바람피우더군요....[2]
저......집에서 쫓겨나기두 했어요....[3]

당연히 애기는 없었구....
남편 아들들은 다 나보다 연상....
큰애는 나보다 12살 오빠....
작은애는 5살 오빠.....[4]
솔직히...엄마소리....불편했구요.....

그러던 와중에....
남편죽구...큰아들 죽구....
작은아들도 죽어서....상복 입으려고 했는데......
웬 아저씨들이......떼로 달려들어서.....
상복 코디갖구 몇년째 싸우는중...[5]
내건데...내 아들 장렌데....님들뭐임....ㅠ

[6]

지금은....손자네 집에서....[7]
있는듯 없는듯 사는 하루하루.....
핸드폰은.....울어봤자 스팸문자...

이리저리 치이며.....살아온 나....
어찌 달랠까요....이 외롬을.....ㅠㅠ

꽃분 : 주작ㄴㄴ너 서딩이지?
개똥 : 222222 글쓴님 주작하지마요ㅋ

세상에 30년동안 기댈곳 하나 없이
이리 치이고 저리 치이며 살았다니

그런 불쌍한 인간은 존재할수 없음ㅋ

에휴휴~ㅠㅠ

1) 자의대비, 15세에 연상 인조와 결혼.

2) 인조, 후궁 조씨 총애함.

3) 자의대비, 인조와 떨어져 혼자 경덕궁에서 살았음.

4) 소현세자, 봉림대군(효종)의 새어머니.

5) 예송논쟁. 효종이 죽자, 어머니 자의대비가 무슨
   상복을 입어야 하는지를 두고 논쟁 붙음.

6) 예송논쟁 최강 딜러 송시열.

7) 효종 아들 현종.

둘이요 딸 같은 아이

그러나 얼마 후,
외롭던 내게
새 인연이 찾아왔으니.

이제 겨우 열 살이나 됐을까?

그 곱상한 아가는,
곧 내 보물이 되었으니.

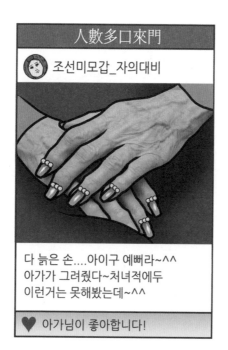

人數多口來門

조선미모갑_자의대비

우리 아가 드디어 아가나인 탈출!

어른나인 된 날! 댕기가 예뻐요~^^

#우리아가 #옥정이 #곱다고와

♥ 숙종님께서 좋아하시오!

숙종 : 헐;;;;;;;

셋이요 역사적 만남

세월이 흘러,
아가는 이제 스무 살.
아가씨가 됐다.

내가 너무나 고마운데,
뭘로 보답해주면 좋을꼬?

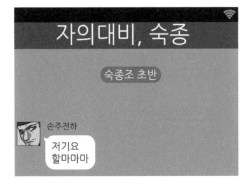

자의대비, 숙종

숙종조 초반

손주전하

저기요
할마마마

옥정이누나요

폰번호좀ㅋㅋㅋㅋㅋㅋ
ㅋㅋㅋㅋㅋㅋㅋㅋㅋ
ㅋㅋㅋㅋㅋㅋㅋㅋㅋ
ㅋㅋㅋㅋㅋㅋㅋㅋㅋ

+ 　　　　　　　　　🙂 전송

옳거니!

나인 장씨,
어릴 적 궁궐에 들어와
자의대비를 오래 모시다.

그 인연으로
대비의 손자 숙종과
만나게 되니

이 나인이 바로
훗날의 장희빈이다.

그리하였다고
한다.

끝.

실록에 기록된 것   정사 正史

- 자의대비, 15세에 인조와 결혼하다. 인조의 전 왕비가 병자호란 직전 아이를 낳다가 죽었기 때문.
- 그러나 인조, 자의대비를 멀리하다. 아이도 생기지 않다.
- 자의대비의 의붓아들 효종이 사망하자, 어머니 자의대비가 입을 상복을 두고 예송논쟁 일어나다.
- 어린 소녀 장씨(야사에 따르면 이름 장옥정), 관례도 하기 전에 궁궐에 들어와 자라다. 장씨는 소현세자와 봉림대군을 청나라에서 모시던 역관 장현의 조카. 어마어마한 부자였다. 장옥정은(중인 신분) 재벌집 아가씨였던 것.
- 외로웠던 자의대비, 소녀 장씨를 아끼다.
- 숙종, 스무 살에 첫 왕비를 잃다. 그로부터 얼마 후 승은을 입은 장씨, 후궁이 되다. 자의대비가 전폭적으로 지지하다.

기록에 없는 것   픽션

- 아낙네사랑은 없었지만, 조선 고리대금 법정이자는 50%나 됐다.

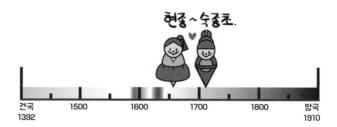

현종~숙종초.

| 건국 1392 | 1500 | 1600 | 1700 | 1800 | 망국 1910 |

홍수의 변과
삼복의 난

현종의 뒤를 이어 즉위한 숙종의 나이는 14세였다. 어리
다면 어린 나이였지만 의지와 극기와 깡의 숙종은 어머니
의 수렴청정을 받는 대신 친정에 나선다. 그리고 썩 잘 해냈
다. 하지만 숙종 역시 상당히 병약했고, 형제자매도 한 명만 빼고
일찍 죽는 바람에 왕을 든든하게 보위할 친위세력이 없었다. 이런 숙종에게 버
팀목이 된 것은 외할아버지인 김우명과 그의 조카인 김석주. 장인인 김만기, 또
어릴 때부터 가까이 지낸 친척들인 복창군, 복선군, 복평군 복자 돌림 세 군三福
들이었다. 이들은 인조의 셋째 아들인 인평대군의 아들들로 촌수로 따지면 5촌
이었고 나이도 스무 살 가량 연상이었다. 하지만 형제 하나 없는 숙종에게는 가
장 가까운 친척들이었고 이런저런 중요한 일을 맡으며 활약했다.

숙종은 아직 어린 왕이었다. 게다가 몸도 약하고 뒤를 이을 아들도 없었다. 그
에 비해 친척들은 이미 어른인 데다 튼튼하기까지 하니 누구라도 먼 옛날의 단
종과 수양대군을 떠올렸을 것이다. 비록 세 군들에게 왕이 될 마음이 없다고 해
도 말이다.

1675년(숙종 1) 사건이 터진다. 홍수의 변紅袖之變이다. 홍수는 붉은 소매라는
뜻인데 이는 곧 궁녀들을 뜻했다. 궁녀들은 궁전의 여러 일을 도맡아 하는 이들
인 동시에 명목상 왕의 여자라는 이유로 궁궐에서 일하는 한 다른 남자와 인연
을 맺을 수 없었다. 그런데 복창군과 복평군이 궁녀들과의 연애를 즐겼으며 심
지어 아이까지 낳게 했다는 고발이 나왔다. 그 당시 왕의 여자를 건드리면 그 죄
는 사형에 이를 수도 있었다. 그 사실을 다른 누구도 아닌 왕의 외할아버지 김우
명이 직접 거론한 것을 보면 그만큼 증거가 확실했고, 반드시 세 군 형제를 제거
하겠다는 일념에서 벌어진 일인 듯하다. 그는 복자 돌림 형제들에게서 위협을

느꼈던 것이리라. 이 일에 연루된 것은 복창군과 복평군, 그리고 궁녀인 김상업과 귀례였다. 이들은 모두 혐의를 부인했고, 숙종은 그들의 답을 듣자마자 "남의 말만 듣고 내 소중한 친척들을 괴롭히다니"라며 석방을 명령했다.

그러자 발칵 뒤집어진 사람이 있었으니 숙종의 어머니인 명성왕후였다. 명성왕후는 비록 수렴청정은 하지 않았지만 국정에 많은 관여를 하려 했다. 애초에 홍수의 변을 알린 것도 명성왕후의 아버지인 김우명이었고, 명성왕후는 의금부보다도 먼저 귀례를 잡아다 심문하기까지 했다. 즉 이 모든 사건이 왕위의 라이벌 형제들을 제거하기 위한 외척들의 음모였을 수 있다는 것이다. 만약 복자 형제들이 무죄가 된다면? 이들을 고발한 김우명이 오히려 억울한 사람을 모함했다는 죄를 받을 수 있었다. 실제로 그렇게 하라는 요청이 올라왔고, 아버지와 친정을 구하기 위해 명성왕후가 선택한 방법은 눈물이었다. 복자 형제들이 무죄 판결을 받은 바로 다음 날, 신하들이 숙종을 만나기 위해 야대청으로 찾아왔을 때 명성왕후는 친히 찾아가서 발 너머에서 대성통곡을 하며 "너희들이 몰라서 그렇지 그 형제가 옛날부터 하지 말라는 연애질을 해댔고 나쁜 짓도 엄청 해댔는데 현종이 봐준 것뿐이었다"라는 이야기를 쏟아냈다. 다른 누구도 아니라 대비가 그렇게 말하는데 누가 감히 입을 뻥긋하겠는가. 그 자리에서 신하들은 복창군과 복평군의 처벌을 결정 및 의논했고 마침내 귀양을 보내게 된다. 이렇게 명성왕후와 외척들은 뜻을 이룬 듯도 했으나 숙종은 몇 년 지나지 않아 이들의 벌을 풀어주었다. 비상식적인 방법으로 국정에 간여했다는 이유로 명성왕후는 크게 비판을 받았다.

그렇다면 이 형제들은 정말 아무 죄 없이 누명을 쓴 것일까? 원래 복선군과 복평군은 현종 때부터 비리를 저지르고 사냥을 하다 여러 민폐를 끼치는 등 구설수가 있었으니 품행이 좋았던 것 같지는 않다. 아무튼 이들의 팔자는 끝까지 잘 풀리지 않았다. 이후로 송시열을 비롯한 서인들이 몰락하고 남인들이 정권을 잡았는데, 숙종은 남인들이 싫어지자 정승 허적이 왕한테 말도 없이 천막을 빌려갔다는 이유를 내세워 남인들을 다 때려잡았다. 이것이 바로 경신대출척庚申大黜陟, 혹은 경신환국이다. 이 일로 남인들은 대거 몰살당했고, 서인들의 정권이 만들어지게 된다. 서인들은 정권을 잡자마자 복자 돌림 형제들이 남인들이랑 역모를 모의했다는 의혹을 제기했고, 이들 세 형제는 외딴 섬 이곳저곳으로 나뉘어 귀양 갔다가 마침내 죽임을 당했다.

조선
왕조
실록

13

명성왕후의 아이스버킷

아…….
진짜 속상하다.

세상 모든 어머니는
아이가 행복하길 바란다며?

근데 우리 엄만
왜 이러셔ㅜㅜ???

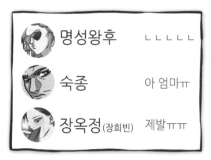

명성왕후	ㄴㄴㄴㄴ
숙종	아 엄마ㅠ
장옥정 (장희빈)	제발ㅠㅠ

내가 어릴 때,
어마마마만 맨날 그러셨다.

"너 왜 이리 제멋대로니?"
"성질 좀 죽여라."

[19대 왕 숙종(20)]

엄마ㅎㅎ 나
엄마 닮았거든요???

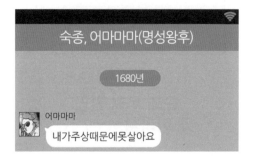

숙종, 어마마마(명성왕후)

1680년

어마마마
내가주상때문에못살아요

난 결국 옥정이를
궁 밖으로 쫓아냈다.

그뿐인가?

어마마마가 고른 꼬맹이랑
재혼까지 했다ㅋ.

앨범 휴지통(1681)

[주상전하, 6살 연하 "인현왕후(15)"와 재혼]
대비 명성왕후 "어리긴 하지만, 어진 며느리"
"못된 장씨 그*보단 억만배 나아"
새신랑 주상전하(21), "할말 없어…저리가"

영구삭제

아 화나.
열 받아!

괜히 머리도 뜨거워.

열도 나는것 같고,

어질어질하고……

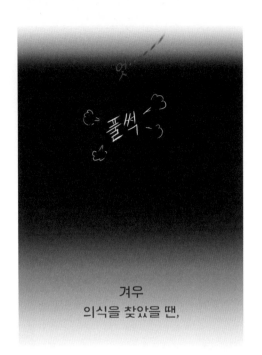

겨우
의식을 찾았을 땐,

쓰러진 지
보름이나 지난 뒤였다.

숙종, 대비전 최상궁

숙종
난ㄴ데

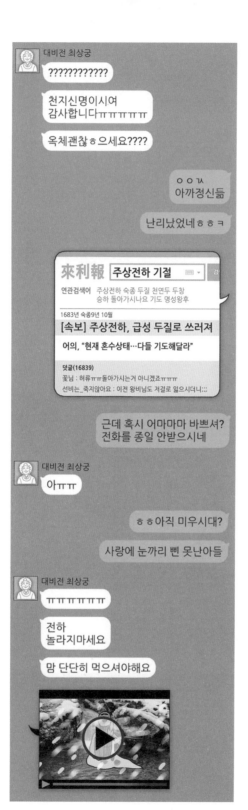

대비전 최상궁
???????????

천지신명이시여
감사합니다ㅠㅠㅠㅠ

옥체괜찮ㅎ으세요????

ㅇㅇㅆ
아까정신듦

난리났었네ㅎㅎㅋ

來利報 주상전하 기절

연관검색어 주상전하 숙종 두질 천연두 두창
승하 돌아가시나요 기도 명성왕후

1683년 숙종9년 10월

[속보] 주상전하, 급성 두질로 쓰러져

어의, "현재 혼수상태…다들 기도해달라"

댓글(16839)
꽃님 : 허류ㅠㅠ돌아가시는거 아니겠죠ㅠㅠ
선비는_죽지않아요 : 이젼 왕비님도 저걸로 잃으시더니;;;

근데 혹시 어마마마 바쁘셔?
전화를 종일 안받으시네

대비전 최상궁
아ㅠㅠ

ㅎㅎ아직 미우시대?

사랑에 눈까리 삔 못난아들

대비전 최상궁
ㅠㅠㅠㅠㅠㅠㅠ

전하
놀라지마세요

맘 단단히 먹으셔야해요

당연히 안다.
어마마마 마음.

우리 엄마, 평생
나만 보고 사셨지.

내 누님 셋이
다 아기 때 죽어,
혼자 남은 날

어마마만
놓칠세라 부서질세라
사랑하셨다.

[속보] 대비 명성왕후, 독감으로 사망

절절한 자식사랑‥한겨울에 찬물 맞으며 기도

대비 최측근, "무당이 시켰다…심지어 삼시세끼 밥도 굶으셨어"

네티즌 덧글(1683개)

└장원급제발님 : 고인의 명복을 빕니다ㅠ 1683년 12월 5일

그래서 엄마……

제가 엄마한테
이러면 안 되는 거,

진짜 잘
아는데요······.

~3년 뒤, 1686년~

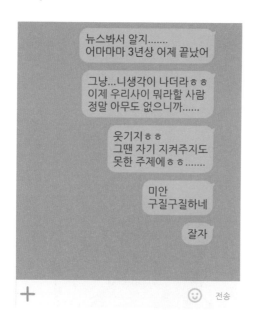

뉴스봐서 알지……
어마마마 3년상 어제 끝났어

그냥…니생각이 나더라ㅎㅎ
이제 우리사이 뭐라할 사람
정말 아무도 없으니까……

웃기지ㅎㅎ
그땐 자기 지켜주지도
못한 주제에ㅎㅎ……

미안
구질구질하네

잘자

ㅎㅎ
받아줄 리가 없지.
나라도 씹는다.

5년씩이나
혼자 됐잖아.

있던 정도 진작
다 떨어졌을 거ㄹ……

영원한 내 ♥ 옥정 NOW
전하

영원한 내 ♥ 옥정 NOW
거 안 자요

영원한 내 ♥ 옥정 NOW
편히 정든적 없어요

#숙종옥정커플_화려한_부활

자식들은 왜 이리
엄마 말을 안 들을까. 끝.

- 현종비 명성왕후, 공주 셋을 연이어 잃다.
- 숙종, 매우 총명했으나 어릴 때부터 잔병치레 많이 하다.
- 숙종, 겨우 14세에 왕위 오르다. 어린 나이에도 송시열을 견제하고 경신환국으로 남인 세력을 누르는 등 노련함을 보이다.
- 숙종, 스물에 첫 부인 인경왕후 잃다.
- 얼마 후 나인 장옥정을 만나 사랑에 빠지다. 옥정의 숙부 장현이 경신환국 때 밀려났는데, 그것을 주도한 것이 명성왕후 남동생 김석주였다.
- 장옥정, 숙종의 증조할머니 자의대비의 보살핌으로 출궁해서도 안정된 생활하다.
- 3년 뒤 1683년, 숙종 두질 걸리다. 명성왕후 밥을 굶고 홑치마만 입은 채 찬물을 맞다. 결국 독감으로 사망하다. 어머니 3년상이 끝난 1686년 (혹은 85년 말), 숙종, 옥정을 궁으로 다시 부르다. 후궁 첩지를 내리다.

기록에 없는 것 /픽션

- 명성왕후는 왕비 때의 호칭. 현렬대비라고 불렸다.

1680 ~ 1686

건국
1392   1500   1600   1700   1800   망국
                                        1910

숙종의 진정한(?)
총애를 받은 김석주

숙종이 평생 믿고 총애했던 남자가 있었으니 무려 마흔 살이나 연상인 김석주이다. 그는 대동법의 히어로 김육의 손자, 명성왕후의 사촌오빠이자 청풍부원군 김우명의 조카였고 과거시험의 장원급제자였다. 이런 초특급 하이클래스 스펙에 빛나는 김석주는 처음에는 할아버지처럼 백성들의 고단한 삶을 챙기고 돕는 것으로 벼슬 커리어를 시작했지만, 이내 권력 게임에 더 맛을 들이게 된다.

김석주는 명문가의 출신답게 송시열에게 공부를 배운 제자로 당파를 따지면 서인이었지만, 할아버지 김육은 대동법 때문에, 또 김우명 등 집안 어른들이 송시열과 줄기차게 싸움을 벌였기 때문에 사이가 몹시 껄끄러워졌다. 게다가 현종의 왕비 명성왕후의 가까운 친척으로 숙종의 외삼촌뻘이었기에 '외척'으로 현종을 지지했다. 현종은 "아무리 그래도 내가 왕인데"라며 신하들에 대한 불만을 털어놓을 만큼 김석주를 굳게 믿었다.

숙종이 수렴청정 없이 직정을 할 만큼 강단이 있었다고는 하나 그래도 열네 살의 어린 왕이었기에 외삼촌인 김석주를 의지할 수밖에 없었을 것이다. 그리고 마침내 서인들의 정권이 무너지게 된다. 먼저 불굴의 고집통 천재 꼰대 송시열이 귀양을 간다. 그동안 미운털이 많이 박혔던 데다 원한도 많이 사 먼 옛날 실수까지 탈탈 털려 가루가 되도록 까인 뒤 귀양을 가고, 김수항을 비롯한 서인들 역시 권력을 잃고 쫓겨난다.

그런데 빈자리가 생기면 무언가를 채워 넣어야 하는 법. 나라의 일이라면 두 말할 것도 없다. 빈자리를 채울 수 있는 남은 사람들은 남인들뿐이었다. 이렇게 허적, 윤휴 등을 중심으로 한 남인 정권이 시작되었고, 김석주는 냴름 우의정 자리를 차지한다. 즉 김석주는 서인이면서도 남인의 편이 되어 스승과 옛 친구들을 몰아낸 것이다.

시간이 흐르자 권력에 눈이 먼 남인들은 비리를 저지르고, 자기들끼리 치고받고 싸우기 시작한다. 김석주는 숙종의 전폭적인 신뢰를 받아 송시열, 이이명 같은 최고의 산림들이나 할 수 있었던 독대를 하게 된다. 다른 신하 없이 임금과 단 둘이 앉아 저 하늘의 달을 따다 너 먹고 나 먹고…는 아니고, 단 둘만의 정치 데이트를 했다는 말이다. 김석주의 의견은 다른 사람들의 태클 없이 다이렉트로 숙종에게 전해졌다. 대비인 명성왕후 역시 김석주를 대폭적으로 신뢰했기 때문에 조정은 김석주가 맘대로 쥐락펴락하는 장소가 되었다.

그 결과, 숙종은 차츰 남인을 신뢰하지 않게 되었다. 그러자 김석주는 다시 옛 스승인 송시열과 그 아래 서인들과 연합한다. 그리하여 벌어지게 된 게 숙종 6년의 경신대출척(경신환국). 남인의 지도자인 영의정 허적이 비 오는 날에 치는 궁궐의 천막을 말없이 빌려간 일이 불씨가 되었다. 숙종은 이 사실을 알고 열을 받았고, 허적은 실각했다. 그로부터 딱 일주일 뒤, 허견과 복선군의 역모 사건이 터진다. 앞서 홍수의 변에서 간신히 목숨을 건졌던 복선군은 영의정 허적의 서자 허견을 만나 군사 쿠데타를 모의했다. 그냥 무턱대고 꾸며낸 것이 아니라 군사를 움직여서 어떻게 하자는 계획까지 꽤나 무르익은 진짜배기 역모였다. 이 사건은 당연히 남인들 전체에게 불똥이 튀어 죄 지은 당사자는 물론이거니와 허적과 윤휴, 그 외의 남인 인사들이 줄줄이 처형당한다. 그리고 이 역모를 진압하는 데 기여한 사람들을 공신으로 봉했으니, 그 1등이 김석주였다. 김석주가 덫을 놓고 부채질해서 남인들을 몰살시킨 것이다.

그리하여 5년 만에 서인들이 정권을 되찾는다. 송시열도 귀양에서 풀려나고, 김수항도 영의정이 되었다. 천하의 소고집 송시열도 지난 남인 정권 동안 내내 생명의 위협에 시달린 덕분인지, 독기가 빠져서 생명의 은인인 김석주에게 껌벅 죽게 되었다. 김석주는 진실로 절대 권력을 손에 넣게 된 것이다! 하지만 욕심에는 끝이 없었고, 남인들의 씨를 아예 말려버리고자 역모를 조작해 남인들에게 뒤집어 씌웠고, 조작이 뽀록 났다. 같은 서인들끼리도 뜨악하게 만드는 비열한 수법이었다. 이처럼 목표를 위해 수단·방법을 가리지 않던 그를 멈춰 세운 것은 병이었다. 그는 명성왕후가 세상을 떠나고 나서 채 1년이 지나지 않은 1684년(숙종 10) 9월 세상을 떠나고 만다. 김석주는 단 한 번도 숙종에게 버림받은 적 없이 살다 간 유일한 사람이다. 인현왕후도 한 번은 쫓겨났었고, 장희빈도 떨려난 데다가 자살까지 강요당했던 것에 비하면 말이다. 하지만 그것이 그가 숙종에게서 절대적인 사랑을 받아서가 아니라, 그저 버림받기 전에 죽은 덕분이라는 생각이 드는 것은 어째서일까.

조선
왕조
실록

14
암행어사님이 출도하셨습니다

멋있다.

강하다.

- 암행어사 출도야!

섹시하다.

- 향기좋은 술은 백성의 눈물이요,
맛좋은 고기는 백성의 기름일지니!

그냥 구경하기에는
참 좋은데……ㅠ

 주상전하   화이팅^^

 암행어사   응아악

하나요 어느날 갑자기

모월 모일,
저녁.

궁궐 홍문관
경연(임금과 신하의 세미나)을
주관한다. 삼사중 하나.

주상전하, 홍문관 교리 김철수

주상전하
ㅎㅇ

김교리 지금 궐이야?

홍문관 교리 김철수
아 네

세미나 자료정리 끝나서
이제 퇴청하려 합니다^^

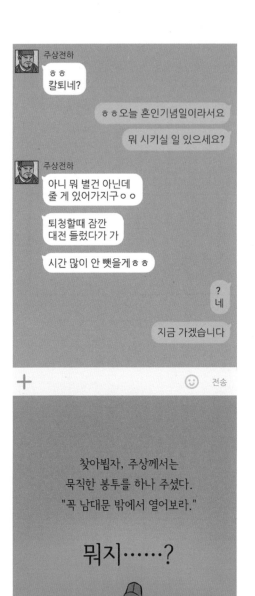

주상전하
ㅎㅎ
칼퇴네?

ㅎㅎ오늘 혼인기념일이라서요

뭐 시키실 일 있으세요?

주상전하
아니 뭐 별건 아닌데
줄 게 있어가지구ㅇㅇ

퇴청할때 잠깐
대전 들렀다가 가

시간 많이 안 뺏을게ㅎㅎ

?
네

지금 가겠습니다

\+   ☺ 전송

찾아뵙자, 주상께서는
묵직한 봉투를 하나 주셨다.
"꼭 남대문 밖에서 열어보라."

뭐지……?

찌익

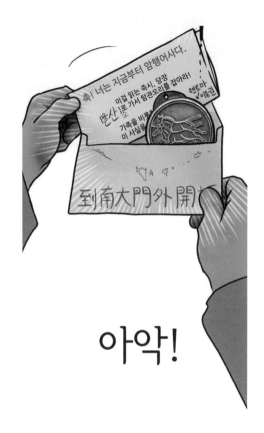

축! 너는 지금부터 암행어사다.

이걸 읽는 즉시, 당장 몬산1동 가서 탐관오리를 잡아라!

가족을 비롯한 이 사실을

렌트마 J이용권

到南大門外開坼

아악!

둘이요
일곱비밀

비명이 절로 나왔다.
안 돼! 암행어사라니! 싫어!

가족을 비롯한 누구에게도
이 사실을 알려서는 안된다!

하지만 이것은 어명.
받잡을 수밖에…… 없다…….

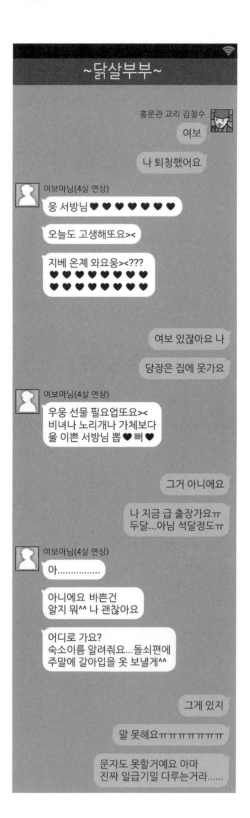

~닭살부부~

홍문관 교리 김철수

여보

나 퇴청했어요

여보마님(4살 연상)

웅 서방님♥♥♥♥♥♥♥

오늘도 고생해또요><

지베 온계 와요웅><???
♥♥♥♥♥♥♥♥
♥♥♥♥♥♥♥

여보 있잖아요 나

당장은 집에 못가요

여보마님(4살 연상)

우웅 선물 필요업또요><
비녀나 노리개나 가체보다
울 이쁜 서방님 뽑♥뻐♥

그거 아니에요

나 지금 급 출장가요ㅠ
두달...아님 석달정도ㅠ

여보마님(4살 연상)

아..............

아니에요 바쁜건
알지 뭐^^ 나 괜찮아요

어디로 가요?
숙소이름 알려줘요...돌쇠편에
주말에 갈아입을 옷 보낼게^^

그게 있지

말 못해요ㅠㅠㅠㅠㅠㅠㅠ

문자도 못할거예요 아마
진짜 일급기밀 다루는거라......

조선왕조실톡

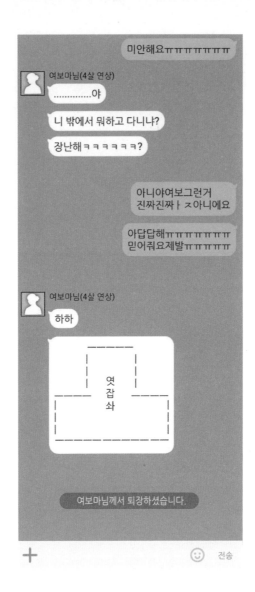

셋이요
마패(馬牌)

어쩔 수 없다.
빨리 말 빌려서 떠나자.

얼른 다녀와서ㅠㅠ
여보야한테 해명하는 수밖에…….

어라?

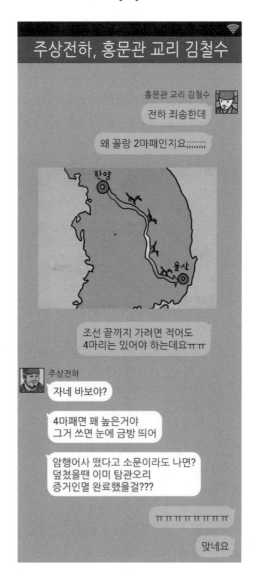

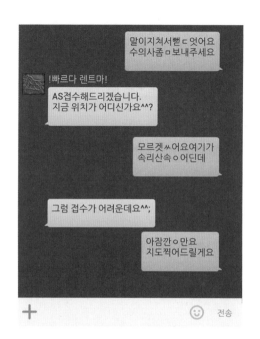

전원이 꺼집니다.

그로부터 대략 한 달 후,
~ 울산 관아 ~

그리하였다고 한다.

끝.

실록에 기록된 것

- 마패는 말 이용권, 한 마리부터 열 마리(임금용)까지 있었다. 암행어사 뿐만이 아닌 출장 가는 관리에게도 주었다.
- 왕, 암행어사를 골라 마패 및 출장지가 쓰인 편지 주다. 열기 전까지는 모든 게 철저히 비밀.
- 암행어사, 가족에게도 비밀로 하고 떠나다. 작별 인사를 하다가 소문 이 나기도 했기 때문이다.
- 암행어사가 탐관오리에게 벌만 준 것은 아니었다. 백성들을 잘 보살피 는 목민관 및 열녀, 효자 포상도 했다.
- "암행어사 출도야"는 멋으로 하는 게 아니었다. 정조, 출도를 한 번도 하지 않은 암행어사를 업무 태만으로 벌하다.
- 관료들은 출장 시 지방관들에게서 밥, 숙소를 제공받았는데, 비밀 엄 수가 기본인 암행어사들은 편히 머물기가 마땅치 않았다. 중종대 암행 어사 김익수, 지방관이 성문을 잠가 쫄쫄 굶다.
- 암행어사는 임시직. 임금이 신뢰하는 신하는 누구나 암행어사가 될 수 있었다.

※마패 사진 출처:국립민속박물관 소장품 검색 페이지

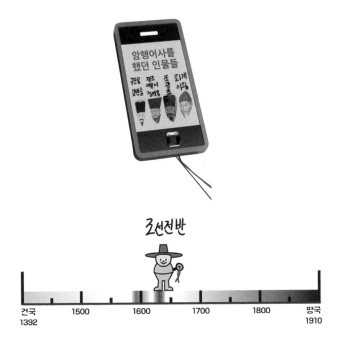

조선전반

| 건국 1392 | 1500 | 1600 | 1700 | 1800 | 망국 1910 |

"이게 뭐게?"

『춘향전』의 백미는 암행어사 출두 장면이다. 망나니가 춘향이 주변을 돌며 칼을 내리치려는 순간 기다렸다는 듯이 마패가 하늘로 불쑥 솟구치며 우렁찬 목소리가 들린다. "암행어사 출두요!" 그러면 사방팔방에서 관원들이 몰려와 악덕 변사또를 붙잡고, 거지꼴이던 암행어사 이몽룡은 단정한 관복을 입고 탐관오리에게 철퇴를 내린다.

암행어사는 임금에게 비밀리에 명령을 받아 초라하게 꾸미고 지방에 파견되어 백성들의 사는 모습을 살피고 지방 관리들의 상황을 다이렉트로 알렸으며 중앙 정부의 명령이 제대로 시행되는지 감찰했다. 마패를 들고 출도를 외치면 천하무적이란 점에서 소위 '사이다' 같은 매력이 있다 보니, 각지에서 암행어사 민담(주로 박문수가 주인공인)이 발견된다.

실제로 조선 말엽 지방 관리들의 부정은 아주 심각했다. 그래서 정조는 "백성이 오매불망 바라는 것은 어사뿐이고, 관리들이 두려워하는 것도 어사뿐이다"라고 말했다. 어사도 사람이라 욕심에 일을 그르치는 이들도 있긴 했지만 어쨌거나 어사는 마지막 양심의 보루 같은 존재였다.

보통 암행어사는 임금이 직접 몇몇 신하를 골라 봉서를 내리면서 결정된다. 단단히 봉해진 편지에는 가야 할 지역과 살펴야 할 내용, 그리고 마패는 아무 때나 쓰지 말고 출도할 때만 쓰라는 것 등 주의사항이 적혀 있었다. 원칙적으로 암행어사는 명령을 받은 즉시 떠나 사대문 밖으로 나간 뒤 봉서를 뜯고 나서야 목적지를 파악해야 하지만… 현실적으로는 여행 짐도 챙겨야 하고, 교통편도 알아봐야 하다 보니 한참을 꾸물대다 출발하게 되었다.

그러다 보니 어사가 미처 당도하기도 전에 암행어사가 온다는 소문이 퍼질 때가 많았다. 또 어느 고을에라도 출도를 하게 되면 어사가 다닌다는 소문은 더욱 퍼져 나가고 지방의 수령들은 미리 서류 인멸 등 대비를 한다. 증거 인멸을 막기 위해 어사는 죽어라 빨리 움직였고, 하룻밤에 100리(40km)를 주파하기도 했다. 과로사한 암행어사가 나올 지경이었다. 정약용도 정조에게 명령을 받아 경기도 암행어사로 나선 적이 있었는데, 아침부터 죽도록 걸었는데도 고작 40리밖에 못 왔다고 좌절하기도 했다. 때문에 암행어사에게는 체력 및 달리기 실력이 필수였다.

암행어사의 변장은 다채로웠다. 일부러 낡은 옷을 입고 장사치 흉내도 내고, 천민들 사이에 끼어들기도 하고, 거지들에게 주는 급식을 받아먹기도 했다. 정약용도 엄청 배가 고팠다고 술회한 바 있다. 박만정의 『해서암행일기海西暗行日記』와 박내겸의 『서수일기西繡日記』가 대표적인 암행어사 체험기다. 박내겸이 변장하고 돌아다니는데 동네 사람들은 그를 알아보지 못하고 "암행어사가 온다는데 누굴까?" 하며 수군거렸다 한다. 그런데 그를 귀신같이 알아보는 이들이 있었으니 바로 기생들이었다. 위아래로 척 보고 "어르신 보통 사람 아니죠?"라고 물어서 화들짝 놀란 나머지 달아나기까지 했다고. 어떻게 그랬을까? 워낙 많은 사람들을 겪어본 기생들의 눈은 뭔가 달랐던 모양이다.

가짜 어사로 의심을 받는 일도 있었다. 암행어사 박내겸이 부하들을 다른 데 보내고 혼자 언덕배기에서 쉬고 있자니, 그를 의심한 포졸이 찾아와서 이것저것 캐물었다. 요 근래 가짜 어사가 다니며 나쁜 짓을 해 수사를 하고 있다고. 그러면서 자기 허리춤에 차고 있던 죄인을 묶는 빨간 밧줄을 보여주며 박내겸에게 "이게 뭐게?"라고 물었다. 여차하면 옥에 잡아넣겠다고 겁주는 것이었는데, 그러자 박내겸도 품의 마패를 살며시 꺼내 보이며 응수했다.

"이게 뭐게?"

그 순간 포졸은 얼굴이 샛노랗게 되더니 언덕 아래로 데굴데굴 굴러가 버렸다. 그러자 이 암행어사는 굴러간 포졸을 손수 일으켜 주고 "우리 모두 공무원이니 열심히 나랏일을 하자! 그러니 내 정체는 비밀!"이라며 잘 다독여 돌려보냈다고 한다. 아무리 겁이 났기로서니 언덕 아래로 데굴데굴 굴러가다니, 자신의 이야기를 흥미롭게 만들기 위한 과장이 아닐까 싶다.

박내겸은 출도할 때의 감상을 적었는데, 산이 뒤집히고 밀물이 쏟아지는 것 마냥 사람과 말이 사방팔방으로 파르르 달아나고, 장날인데도 쥐새끼 한 마리 없고 관청에도 개미새끼 한 마리 없이 텅 빈 광경을 보면서 "여기 온 이래 가장 멋진 광경이었다"라고 했다. 역시 이런 통쾌함에 고생에도 불구하고 암행어사를 했던 게 아니겠는가.

조선
왕조
실록

15
너무 예쁜 그 언니

人數多口來門

ZZAng_love : 보고싶은, 내 사랑…
왜 우린 만날 수 없을까요?

♥ 숙종님께서 좋아하시오.

ㄴ tkfka01 : 얼굴형 쩐다ㅜㅜ
ㄴ rhkror : 셀카가 화보네

人數多口來門

ZZAng_love : 장애물이 우리를
가로막고 있지만,
마음은 늘 그대와 함께…♥

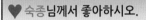

♥ 숙종님께서 좋아하시오.

ㄴ nobi77 : 모지? 애틋하네여ㅠ

ㄴ rhdwk : 남친 대박 부럽다

"지나가던 사람인데
님 화이팅!"

인현왕후	부러워ㅠㅠ	
숙종	보고싶다	
시어마마마	몹쓸것-_-	

강녕하세요?
저는 열다섯 살 민씨입니다.

얼마 전에 임금님께 시집왔어요.

여보는 스물한 살의 오빠 임금님.
전 어리지만, 좋은 아내가
되겠다 다짐했어요.

그런데……ㅠㅠ

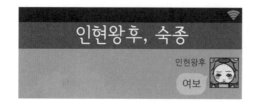

저는 놀라서,
시어머니께 말씀드렸어요.
저를 많이 예뻐해 주시거든요.

둘이요

로미오와 줄리엣

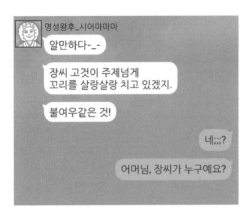

명성왕후_시어마마마
알만하다-_-

장씨 고것이 주제넘게
꼬리를 살랑살랑 치고 있겠지.

불여우같은 것!

네;;;?

어머님, 장씨가 누구예요?

……알고 보니,
오빠 전하께서는 연상의
여자친구가 있대요.

저랑 결혼하기 전부터
만났다는데,
그 다정한 사진을 보자마자……

심장이 쿵, 내려앉았어요.

인현왕후
어머님ㅠㅠㅠㅠ

제가 이 언니를 어떻게 이겨요ㅠ
이렇게 예쁜데ㅠㅠㅠ

어쩌면 좋을지
알 수가 없었어요.

너만 아니었어도-_-

셋이요

쓰라린 현모양처

오빠 전하는 내 탓이라며,
저랑 말도 안 하려고 해요.

어떡하죠?
어떡해요……ㅠㅠ

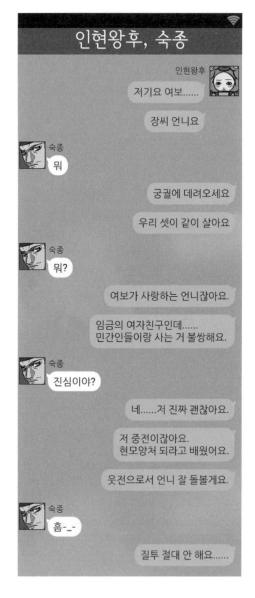

그래요.
미움받느니, 차라리 이게
나을 거예요.

지식人 : [중학생][연애고민]

님 그럴땐 착해보여야 합니다.
반전으로 그 언니에게 잘해주세요.
혐모양취는 투기를 않는다잖아요!
그러면 남편이 새삼스럽게 반할겁니다.
내공냠냠

거기다 오빠 전하가
이렇게나 사랑하는 언니잖아요?

분명히 마음씨도 얼굴만큼
고울 거예요…….

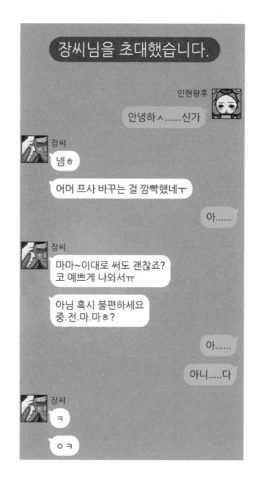

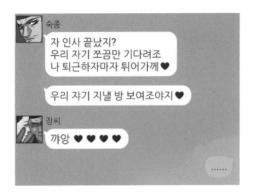

[장희빈]

장녹수와 어깨를 견주는
조선 2대 팜므파탈.

인현왕후가 폐서인되자
숙종의 총애를 업고,
중인의 신분으로 중전이 된다.

자기 아들을 왕(20대 경종)으로 만든
규방 배틀계의 최종 보스.

#신캐릭_vs_99고렙

그리하였다고 한다. 끝.

실록에 기록된 것   정사 正史

- 숙종 스무 살에, 열 살에 결혼한 첫 번째 왕비 인경왕후를 천연두로 잃다.
- 숙종, 증조할머니인 자의대비의 궁녀로 있던 장씨 만나다.
- 그 즈음, 숙종의 어머니 명성왕후 및 송시열의 추천으로 15세 민씨, 숙종의 새 왕비가 되다. 명성왕후, 장씨를 궐에서 쫓아내다. 중인인 데다 장씨네 가문이 자신의 가문과 척을 진 남인과 손을 엮었기 때문.
- 숙종, 인현왕후에게 정 주지 않다.
- 시어머니 명성왕후에게 장씨의 존재를 들은 인현왕후, 장씨를 궁으로 불러들이자 하나 시어머니, 결코 허락하지 않다.
- 시어머니 사후, 인현왕후가 숙종에게 직접 장씨 궐로 들이라 제안하다.
- 장씨, 인현왕후에게 불손하게 굴다. 불러도 오지 않고, 보란 듯이 숙종과 나 잡아봐라(?) 놀이 하다.
- 숙종, 환국 및 원자 책봉으로 장씨와 장씨 일파 힘 실어주다. 인현왕후, 투기하였다는 죄로 폐서인되어 쫓겨나다.(결말 참고 : 19화)

기록에 없는 것   픽션

- 인현왕후는 온라인에 연애 고민 글을 쓰지 않았다.

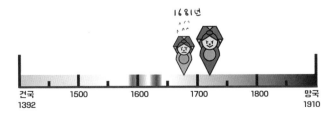

1681년

건국 1392 · 1500 · 1600 · 1700 · 1800 · 망국 1910

조선의 재벌, 역관

 장옥정은 조선 역사상 가장 드라마틱한 인생을 산 여성이었다. 아버지가 일찍 죽은 뒤 궁녀가 된 천한 신분의 여성. 하지만 왕의 사랑을 받아 왕비의 자리에까지 (잠깐 동안) 올랐던, 게다가 웬만해서 사람의 외모 평가를 하지 않는 『실록』에서까지 "예쁘다"라고 인증하는 미모의 소유자. 스토리만 보자면 신데렐라 이야기 같다. 주기적으로 한 번씩 장희빈의 이야기가 드라마로 만들어지는 까닭도 그녀가 가진 이야기의 고전적인 매력 때문이리라.

드라마틱한 이야기에 주목하다 보니 사람들이 놓치는 부분이 있다. 장희빈도 신데렐라처럼 어렵고 가난한 유년 시절을 보냈을까? 아닐 가능성이 높다. 그녀는 역관의 딸이었기 때문이다. 그녀의 할아버지 장응인은 유명한 역관이었고 일찍 죽은 아버지 장형도 그러했으며 친척 장현 역시 역관이었다. 역관이란 외국어를 통역하는 사람으로, 요즘의 외교관에 통역사를 더한 직업 정도 된다. 조선시대 이런 전문직들은 꼭 필요하지만 그렇게 고급스럽지는 않은 일로 천대받았고, 그래서 보통 양반이 아닌 중인들이 종사했다.

조선시대에는 상업이 천대받는 것은 물론 나라와 나라 사이의 무역도 원칙적으로는 금지되어 있었다. 원칙적으로 금지되었다는 말은 몰래몰래 뒤로는 다 하고 있었다는 이야기다. 그 선두에 역관이 있었다. 나라에서 사신이나 통신사가 파견될 때면 역관들이 함께 따라가는데, 그냥 맨몸으로 다녀오는 것이 아니라 조선의 물건들을 바리바리 챙겨 가서 외국에 팔고, 또 외국의 물건들을 조선으로 가져와서 팔았다. 보따리 장사 혹은 대행구매를 한 셈인데, 이렇게 오고가는 물건들은 다양했지만 보통 인삼, 비단 같은 사치품들이었다.

원칙적으로 수입·수출이 금지라고 해도 사람의 욕망은 끝이 없는 법이다. 역관들을 통해 들여온 외국의 물건, 특히 사치품들은 없어서 못 구하는 물건들이 대다수였고 당연히 막대한 돈벌이가 되었기에 역관들은 부자가 되었다. 그래서 조선 후기쯤 되면 어마어마한 떼부자가 된 역관들의 사치 행각들이 사회 문제가 되기도 했다. 웬만한 양반들은 물론 왕궁이 무색할 정도로 으리으리한 집을 짓고 비단으로 만든 침실 휘장을 두르며 화려한 정원을 갖추기도 하고 임금의 요리사인 숙수를 불러다가 값비싼 요리를 해먹기도 했다.

『실록』에서는 장희빈의 친척이자 후견인이었던 장현을 두고 '국중거부國中巨富'라는 표현을 썼다. 그는 돈도 많았지만 장희빈이 후궁이 되기 전부터 종1품이라는 높은 벼슬을 지낸 거물이었다.

즉 장희빈은 요즘 시대에 대입하자면 대대로 돈을 주물러온 뼈대 있는 외교관 겸 무역업체 집안의 막내딸일 가능성이 높다. 훗날 장희빈이 아들(경종)을 낳았을 때 그의 친정어머니가 무려 여덟 명이 드는 옥교(가마계의 롤스로이스라 생각하면 된다)를 타고 궁으로 찾아오는 바람에 조정에서 난리가 나기도 했다. 이는 그만큼 친정에 돈이 넘쳐났다는 뜻도 된다. 하지만 돈으로도 해결되지 못하는 것이 바로 신분이었다. 중인 출신이 아무리 날고 기어도 양반은 될 수 없었으며, 그랬기에 장옥정도 궁녀로 궁에 들어왔던 것이리라.

『실록』을 보면 역관이나 의관들의 사치는 늘 비판을 받고 실제로 처벌을 받기도 했다. 정말로 그들이 분수에 맞지 않는 생활을 한 것일까? 역관들이 하는 일은 무척 중요한 일이었고, 따라서 많은 이익도 얻었지만 여전히 불합리하기 짝이 없는 신분제도의 사슬에 묶여 있었다. 장옥정의 어머니가 욕을 먹은 이유도 "천한 중인이 감히 옥교를" 탔기 때문이며 이를 비난하는 상소가 올라올 정도였다. 사정이야 어떻든 왕자의 외할머니였으며 훗날 이 왕자가 왕이 되거늘 그럼에도 최소한의 존중도 없이 천하고 예의가 없다며 비난했다. 이처럼 당시 신분제도의 벽이란 현대 사람들의 눈으로 보기에는 쓸데없이 두껍고 어리석다. 역관 장형은 효종 때부터 개인 재산을 퍼부어가며 청나라의 정보를 빼냈고, 최신식 대포나 정밀한 지도를 남몰래 조선으로 반입하려 했지만 들키자 홀로 책임을 지고 귀양을 떠나 심지어 노역까지 했다. 나라를 위해 큰 공을 세웠건만 타고난 신분이 양반이 아닌 탓에 끝내 정1품의 벼슬을 받지도 못했고 훗날 장희빈이 왕비 자리에서 쫓겨나면서 덩달아 귀양 가는 처지가 된다.

신분제도가 공고했던 조선시대의 기록은 신분제의 가치관에서 자유롭지 못하다. 어떤 이들은 과장되게 칭송되기도 하며 어떤 이들은 과장되게 비난받기도 한다. 역사를 볼 때 우리는 불합리한 사회상을 염두에 두고, 기록 뒤에 숨은 여러 사람들의 고통과 고민을 다른 시각에서 해석해 볼 필요가 있다. 그것이 역사 공부의 재미이기도 하다.

조선
왕조
실록

숙종 ♥윤이아빠♥

장옥정(희빈) ♥윤이엄마♥

인현왕후

하나요
해피해피

사나이는 태어나서
딱 세 번 운단다.

태어났을 때,
어버이께서 돌아가셨을 때,
나라를 잃었을 때.

[19대 왕 숙종(28)]

아니거든ㅋ?

人數多口來門

숙종 @suk_19

내사랑 #옥정 과 나의 사랑의 결실...
아기왕자.... #윤이....너무나 작다...
아기보다 더크게 울었으뮤ㅠ #행복

♥ 장희재, 인현왕후님 외 168.8k

장희재 : 가아아아ㅏ ㅏ ㅏ 아아아
ㅏ ㅏ ㅏ ㅏ ㅏ ㅏ ㅏ 암축드리옵니다!

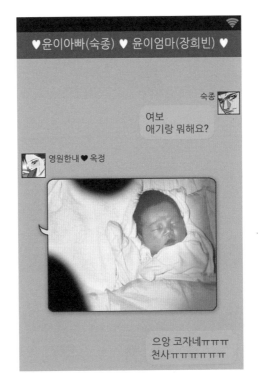

♥윤이아빠(숙종) ♥ 윤이엄마(장희빈) ♥

숙종

여보
애기랑 뭐해요?

영원한내 ♥ 옥정

으앙 코자네ㅠㅠㅠ
천사ㅠㅠㅠㅠㅠ

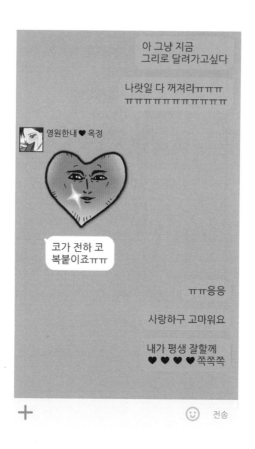

왕이 된 지
14년 만에 생긴 후계자.

사실 난 나에게
문제가 있는 줄 알았다.

그런데 아니었어!

거기다 내가
♥사랑♥하는 사람이
내 아이의 엄마라니ㅠㅠ!!

※비록 후궁이지만!

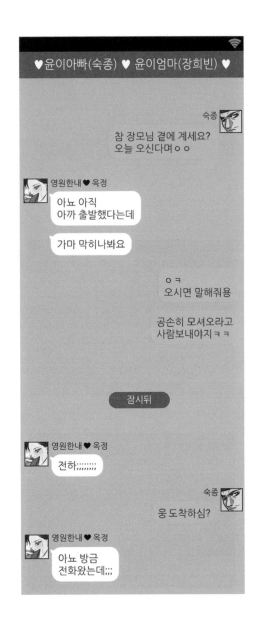

엄마 궐앞에서
단속 걸렸대요ㅠㅠ

????????

셋이요 옥교 사건

MOVIE_168801.mp4
- 사헌부 포졸 : 아줌마 가마 내려요.
- 장씨 모친 : 아저씨, 내 후궁 장옥정이 엄만데...
  딸램 산후조리 도와줄라구 (왔는데)

MOVIE_168801.mp4
- 사헌부 포졸 : 어쩌라고

이것들이ㅋㅋㅋㅋㅋ
미쳤나ㅋㅋㅋㅋㅋㅋㅋㅋ

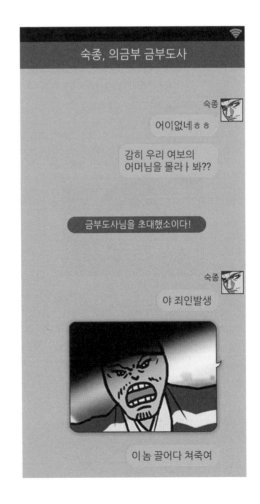

봤지, 옥정아?

난 너 위해서라면
진짜 뭐든지 할 거야.

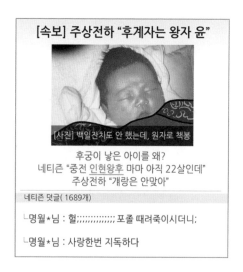

내가 평생 지켜줄게♥

#저_애기가_훗날의_경종

하지만
장희빈은 결국…(한숨)

경종도
결국…(한숨)
끝.

실록에 기록된 것 /정사 正史

- 숙종의 첫 번째 왕비, 공주 둘을 낳았으나 어려서 일찍 죽다.
- 숙종, 궁인 장씨를 만나 사랑에 빠지다. 두 번째 중전 인현왕후와 결혼했으나 장씨를 사랑하다.
- 장씨에게 후궁 첩지를 내리다. 장씨, 왕자 윤을 낳다.
- 사헌부 포졸, 후궁 장씨의 어머니가 탄 옥교(8인 가마)를 빼앗고 부수다. 고위 관료의 부인들만 탈 수 있었던 것.
- 숙종, 포졸들을 고문하고 매를 쳐 죽게 만들다. 뒤늦게 "내 욱하는 성질 좀 죽여야겠다. 미안하다"며 신하들에게 사과하다.
- 얼마 후 숙종, 윤을 원자로 책봉하다. 송시열 및 신하들이 반대하자 서인들을 우르르 유배 보내 버리다. 서인도 남인도 풀죽어 차마 반대하지 못하다.
- 숙종, 인현왕후를 내쫓고 장씨를 왕비로 맞다. 송시열이 반대하자 사약을 먹여 죽이다. 서인들을 내쫓고 남인들을 등용하다(기사환국).

/픽션

기록에 없는 것

- 장옥정이 희빈이 된 것은 왕자 윤을 낳은 뒤였다.

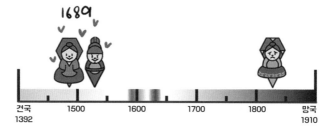

1689

건국
1392 　 1500 　 1600 　 1700 　 1800 　 망국
1910

- 열여섯 번째 이야기 -
생일날의 날벼락

1689년(숙종 15) 4월, 대체로 평온했다. 기록만을 본다면. 이 즈음의 『실록』들은 그냥 어떤 관리가 무슨 일을 맡고, 또 무언가를 했다는 정도의 내용만 있으며 꽤 평온하다. 그러나 이는 폭풍 직전의 고요함이었으니 일이 터진 것은 4월 23일, 중전인 인현왕후의 생일이었다.

당연히 신하들은 국모의 생일을 축하하기로 했는데, 숙종은 갑자기 생일 파티를 하지 말라는 명을 내렸다. 생일을 축하하지 말라니? 워낙 어이없는 명령이라 신하들은 무시하고 축하를 건넸는데 그러자 숙종은 화를 벌컥 내며 승지들을 파직시키고 인현왕후를 폐하겠다고 선언했다.

아니, 왜? 믿기지 않겠지만 정말 그러했다. 생일날 축하를 해주기는 커녕 생일빵을 날리면서 이혼장을 들이댄 셈인데, 그날이 숙종과 인현왕후가 부부싸움을 한 직후였다는 것이 이유였다. 얼마나 치열하게 싸웠는지 인현왕후는 "폐출하려면 폐출해!"라고 소리를 질렀고 마찬가지로 열 받은 숙종은 신하들에게 부인 험담을 해댔다. 자기 부모님을 꿈에서 봤다며 거짓말을 했다는 둥, 희빈을 모함하며 질투가 심하다는 둥, 희빈에게서 아들이 안 태어날 거라고 했다는 둥 같은 험담의 내용이 실려 있다. 이 부분의 『실록』은 숙종의 씨근대는 목소리가 귓가에 들릴 것만 같이 생생하다. 이 말을 들은 신하들은 당연히 황당해했으며 서인 남인 가릴 것 없이 숙종을 말렸다. 인현왕후가 그렇게 큰 잘못을 한 것도 없는데 느닷없이 내쫓는 것은 너무하다는 상식적인 의견을 제시해 가면서 말이다.

하지만 이런 만류는 숙종의 불 같은 성미에 부채질을 했을 뿐이다. 숙종은 중궁의 물품 보급을 끊어 버리라는 명령을 내리기까지 했다. 정승들이 나서서 먹을 것으로 이러는 건 민망하지 않느냐, 용서하라고 간언했다. 숙종은 고작 이런 일 때문에 정승까지 나서냐며 듣지 않았다. 이 명령이 내려진 것이 4월 28일, 인현왕후는 5월 2일이 되어 하얀 가마를 타고 초라하게 궁궐을 떠나게 된다.

숙종의 째째함은 상상을 초월할 정도였다. 인현왕후를 폐해서 서인으로 만드는 것도 모자라 위자료는커녕 아무것도 주지 못하도록 엄명을 내렸다. 거기에 처음 결혼할 때 왕비로 봉하면서 썼던 교명教命, 결혼 예복인 장복章服, 가마, 말안장 등을 모조리 불태우게 했다. 대놓고 "너랑 나랑 진짜 끝!"이라고 유세를 부리려댄 셈이다. 인현왕후가 갖은 수모를 당하며 쫓겨날 때 백성들과 유생들은 울면서 중전의 가마 뒤를 따라 길을 가득 메웠다고 한다. 사실상 폐비를 밀고 나간 것은 숙종뿐이었고, 조정신료들과 백성들이 보기에 인현왕후는 가엾게 내쳐진 왕비에 불과했기 때문이다.

그러다 보니 자연스레 장희빈에게 비난의 화살이 돌아가게 되었으나. 글쎄, "이 모든 사태는 악독한 장희빈과 남인들이 꾸민 음모에 숙종이 홀랑 넘어갔기 때문이다!"라고 우길 수도 있겠지만 그래도 정도란 게 있는 법. 아무리 미운 사람이라 해도 최소한의 지켜야 할 예의라는 게 있는 법이다. 게다가 숙종과 인현왕후는 부부였고, 그냥 부부도 아니라 왕과 왕비 사이이지 않았는가? 이것은 다른 사람 핑계 댈 것 없이 숙종의 더러운 성질머리가 고스란히 발현된 결과였다.

그렇게 생애 최악의 생일 이후 10여 일 만에 인현왕후는 폐서인이 되었고, 그로부터 이틀 뒤에 장희빈을 왕비로 삼겠다는 발표가 떨어진다. 결국 숙종은 장희빈을 왕비로 삼고 싶다는 욕심에 이 사태를 벌였고, 모든 과정을 번갯불에 콩 볶듯이 진행시켜 신하들도 어버버하는 사이에 해치워 버린 것이다. 숙종의 치밀한 계획이라기보다는 열 받은 김에 해치워 버렸다고 보는 쪽이 맞을 듯하다. 덕분에 장희빈은 희대의 악녀로 몇 백 년이 지나도록 욕을 먹게 된다. 실제로도 인현왕후가 쫓겨난 데는 장희빈의 탓이 있기도 했지만 그보다 더 큰 이유는 숙종 본인이라 할 것이다. 훗날 숙종은 쫓아낼 때만큼이나 신속하게 인현왕후를 다시 중전으로 되돌렸으며 이미 죽은 박태보에게는 영의정을 추증해줬지만, 그래봐야 죽은 사람이 돌아오는 것도 아니며 불타버린 대례복이 원상복구되지도 않는다. 과연 남은 생애 동안 인현왕후가 숙종을 믿을 수 있었을까? 조선왕조실록

구운몽이라죠(웃음)

벌써 며칠째,
저러고 가만히.

내 배로 낳은 아들인데
차마 말을 걸 수가 없습니다.

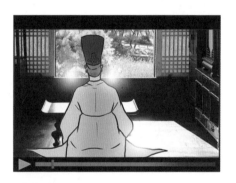

혼자 얼마나
고통스러울꼬······.

 서포 김만중   (잠수)

 해평 윤씨   화이팅~!
※ 김만중의 어머니

하나요 유배

남편을 젊어서 잃고,
만중이를 나 혼자 키웠다.

가르침은 단 하나 :
"올곧은 선비가 되거라!"

[속보] 김만중 대감, 유배당해

[사진] "통촉하여주시오소서!" 끌려나가는 김만중

지경연사 <u>김만중</u>(51), "후궁 장씨(장희빈)가족들이
전하를 등에 업고 권력놀음을 하고 있사옵니다!"
숙종전하, 분노…"당장 나가!"

네티즌 덧글(1687개)

ㄴ옥분★님 : ㅠㅠ옳은말 했는데 왜;;;;

ㄴ명월★님 : 헐 지경연사;;;;; 전하 과외선생님 아닌가;;;;;;;

그 가르침대로 커준 건 고맙지만,
20년 몸담은 관직에서 쫓겨나
얼마나 속이 상할꼬…….

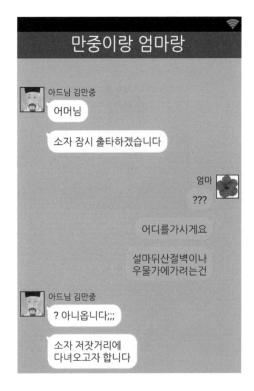

만중이랑 엄마랑

아드님 김만중

어머님

소자 잠시 출타하겠습니다

엄마

???

어디를가시게요

설마뒤산절벽이나
우물가에가려는건

아드님 김만중

? 아니옵니다;;;

소자 저잣거리에
다녀오고자 합니다

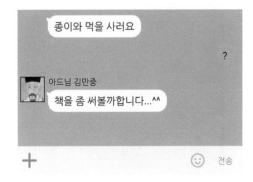

종이와 먹을 사려요

?

아드님 김만중
책을 좀 써볼까합니다...^^

+   😊 전송

나는 내심 기뻤다.
아픔을 글로 승화하다니!
마치 송강 정철 선생 같지 않은가!

人數多口來門

만중 @manjyung

힘들어서 죽겠다....

♥ 해평윤씨께서 좋아하시오!

人數多口來門

만중 @manjyung

힘들어서 죽었다! 드디어 끝!

♥ 해평윤씨께서 좋아하시오!

해평윤씨 : 아드님수고했읍니다
해평윤씨 : 내마음이다두근두근

기나긴 고민의 시간 끝에,
아들은 작품을 완성했으니.

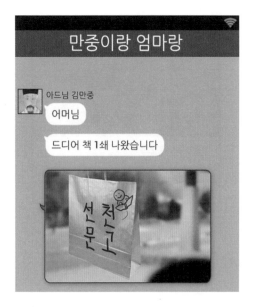

만중이랑 엄마랑

아드님 김만중
어머님

드디어 책 1쇄 나왔습니다

불초소자 서점에서
따끈따끈한 책을 픽업해
돌아가는 길이옵니다

엄마
ㅠㅠㅠ

아드님 김만중
ㅠㅠㅠㅠㅠㅠㅠㅠ

제일 먼저 바치겠습니다

어머님 얼굴의 주름살이
더욱 깊어졌으니 이 무슨
불효ㅛ란 말입니까

아닙니다
이어미는자랑스럽습니다

그래어떤책이지요?

시조? 가사?

사대부를위한예법책인가요?

아드님 김만중
^^

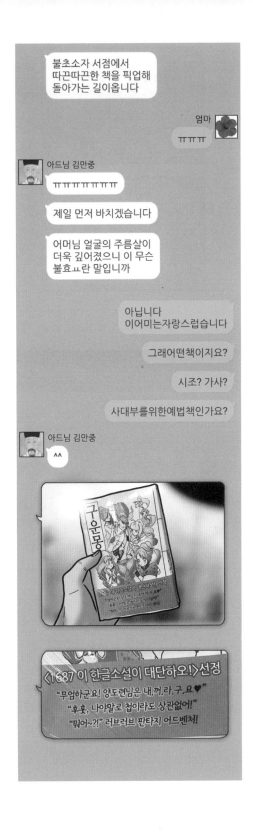

〈1687 이 한글소설이 대단하오!〉선정
"무엄하군요! 양도련님은 내.꺼.라.구.요♥"
"후훗, 나야말로 첩이라도 상관없어!"
"뭐어~?!" 러브러브 판타지 어드벤처!

아드님 김만중

＋   ☺ 전송

[구운몽九雲夢]
김만중이 쓴 한글 소설.
잘생긴 청년 양소유가
여덟 명의 미인들과 연애하는 이야기.

그러나 백성들,
김만중의 한글 소설을 사랑하다.

베스트셀러가 되어
오늘날까지 전하다.

정경패   가춘운

난양공주

적경홍

진채봉

계섬월

구운몽

백능파

심요연

〈1687 이 한글소설이 대단하오!〉선정

"무엄하구요! 양도련님은 내.꺼.라.구.요♥"
"후훗, 나야말로 십이라도 상관없어!"
"뭐야~기" 러브러브 판타지 어드벤처!!

그리하였다고 한다. 끝.

- 숙종, 후궁 장씨를 총애하다.
- 김만중, 후궁 장씨의 모친이 사적으로 조정에 줄을 대어 권력놀이를 하고 있다며 간언하다. 숙종, 매우 노해서 김만중을 국문하고 유배 보내다.
- 김만중, 한글 판타지 소설 『구운몽』을 쓰다. 잘생기고, 글 잘 쓰고, 무술도 잘하는 주인공 양소유가 여덟 명의 여인들(정경패, 가춘운, 진채봉, 기생 계섬월, 적경홍, 난양공주, 검객 심요연, 용왕의 딸 백능파)과 연애를 하며 출세하는 이야기.
- 공조판서(도로교통부 장관), 대사헌(검찰총장), 지경연사(임금의 버금가는 스승)까지 지낸 양반이 한글 소설을 쓰다니, 교육부 차관이 인터넷 로맨스 소설을 쓰는 것과 같은 스캔들이었으나 백성들, 그의 소설들을 매우 사랑하다. 장희빈과 인현왕후를 패러디한 『사씨남정기』도 남기다.

- 당시에 풀컬러 인쇄는 불가능했다.

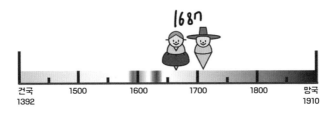

1687

건국 1392　1500　1600　1700　1800　망국 1910

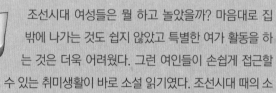

180권의 소설 작가

조선시대 여성들은 뭘 하고 놀았을까? 마음대로 집 밖에 나가는 것도 쉽지 않았고 특별한 여가 활동을 하는 것은 더욱 어려웠다. 그런 여인들이 손쉽게 접근할 수 있는 취미생활이 바로 소설 읽기였다. 조선시대 때의 소설은 여러 이름으로 불렸으니 패관, 언패諺稗, 전기傳奇 등이었다. 다 좋은 말은 아니다. 상놈 말인 한글로 적힌, 기이하고 야릇한 이야기. 유학자들이 좋아하는 근엄하고 예의바르며 충효예신에 엄격한 것이 아니라, 즉각적인 감정, 특히 사랑에 몹시 적나라한 세속의 이야기들을 옛날 사람들도 무지하게 좋아했다. 조선시대라고 하면 다들 머리카락 하나 흐트러지지 않고 단정하게 꿇어앉아 맹자왈 공자왈 유교 경전만 읽을 것 같지만 천만의 말씀이다. 일단 여성들은 과거를 볼 수 없었기에 한문 공부를 전문적으로 한 예도 별로 없었고, 신분제 사회인 조선에서는 경전을 읽을 수 있는 독자층도 한정되어 있었다. 하지만 여성들도 한글은 곧잘 배웠고 한글로 쓰인 책들을 사랑하며 읽었다.

조선 중기 즈음부터 중국에서 소설책들이 수입되었다. 중국 소설이니 당연히 한문으로 작성되었지만 여성들은 재빠르게 이것을 자신들의 언어인 한글로 옮겨 적었다. 그렇게 만들어진 정리본을 또 다른 여성들이 베껴 새로운 책으로 만들었다. 그렇게 몇 번 거듭하다 보면 내용이 달라지기도 하고, 베끼는 사람이 좋아하는 내용을 더 집어넣기도 해서 이본異本들이 만들어졌다. 특히 인기 있는 것은 역시 연애 이야기였다. 남녀가 우연히 만나 사랑을 싹틔우고, 그러다 같은 시대의 격랑에 시달리며 만나고 헤어지고 매운 시련도 겪다가 결국 해피 엔딩을 맞이하는 이야기 말이다. 이렇게 지지고 볶는 연애 이야길 한참 풀다가 갑자기 결말에 "이런 일들도 다 허무하니 착하게 살자"라는 뜬금 없는 교훈을 집어넣기도 했지만 사람들이 집중해서 읽는 부분은 어색하게 덧붙인 교훈이 아니라 러브 스토리였다. 만화도 영화도 없던 시절, 소설은 최고의 핫한 미디어 매체였다.

종이는 비쌌고 책은 더욱 귀했다. 조선시대 평범한 개인은 책을 가지기 어려웠다. 이런 이들을 위해 있는 게 세책이었다. 요즘으로 따지자면 책 대여점으로, 장사꾼들이 재미있는 소설책을 베낀 다음 사람들에게 대여비를 받고 빌려주는 형식이었다. 얼마나 많은 여성들이 세책을 이용했는지 정조 때의 정승 채제공은 "요즘 여자들이 다투어 하는 일이 오로지 소설책 읽는 것뿐이다"라고 한탄했다. 책을 빌려 읽느라 비녀나 팔찌 같은 패물도 몽땅 팔아 버리고 집안일마저 파업했다는 것이다. 100편이 넘는 소설을 본 사람도 있다고 했는데, 옛날 상황을 생각하면 기적과도 같은 독서량이었다.

이런 소설 덕질은 신분 고하를 막론하고 벌어졌다. 효종의 왕비 인선왕후도 딸에게 편지를 보내며 『녹의인전』이니 『하북 이장군전』 같은 소설을 함께 돌려 보았고, 훗날 정조의 후궁이자 문효세자의 어머니였던 의빈 성씨는 정조의 두 여동생인 청연공주, 청선공주, 그리고 다른 궁녀들과 함께 『곽장양문록』이라는 소설을 필사했다. 이 소설의 내용이란 선남선녀 커플이 시대의 파란을 만나 엎치락뒤치락 하다가 뜻을 이룬다는 너무나도 전형적인 전기소설인데, 자그마치 왕의 손녀들과 궁녀들이 힘을 합쳐 베껴 썼다는 데서 덕질은 신분도 나이도 초월해 사람들을 하나로 만들 수 있음을 실감하게 한다. 정작 성씨의 남편이자 공주들의 오빠인 정조는 소설을 너무나도 싫어해서 몰수해 불태워 버리기까지 했는데, 다행히도 이 소설은 그들의 외갓집인 홍씨 집안에 보내진 덕분에 무사했다가 시간이 흐른 뒤에는 리어카에 실린 폐지 신세가 되었고, 다행히 지나가던 수집가에게 구출되어 현재는 서울역사박물관에 소장되어 있다.

읽는 데서 그치지 않고 스스로 쓰는 데 나선 여성들도 나타났다. 『완월회맹연』은 자그마치 180권 180책에 이르는 초장편 소설로, 완월대라는 곳에서 맺은 약속을 열쇠로 이복형제, 새엄마, 원수의 딸과 결혼한 남자 등 온갖 인연들이 얽히고 설키는 대하소설이다. 이 소설을 쓴 사람은 안겸제의 어머니 전주 이씨로 어엿한 양반 여성이었다. 게다가 그녀는 이 소설을 궁궐에 소개해 명성과 영예를 얻겠다는 패기 넘치는 창작 의도를 가지고 있었다! 이씨의 꿈이 이루어졌는지는 불분명하지만 아무튼 자식은 서문까지 써 주며 어머니의 역작을 기념했다.

한 가지 첨언하자면 여자들만 소설책에 빠져 지낸 것은 아니다. 정조 때 숙직하다가 하라는 공부는 하지 않고 소설 읽다가 걸린 신하들의 기록만 봐도 말이다. 재미있는 이야기는 늘 사람을 매혹시키는 법이다. 또 그 옛날 공부와 출세를 허가받지 못했던 여성들에게 자유롭게 읽을 수 있고 그 안에서라면 무엇이든 가능한 소설의 세계가 얼마나 매력적이었을지는 충분히 짐작하고 남을 일이다.

조선
왕조
실록

18

장희빈의 측근비리

	장희재 (장희빈오빠)	눈깔어ㅋ
	숙종	나대지마

하나요 **시쿨둥**

자기야.
옥정아.

나, 당신
정말 사랑했거든?

영원한 내♥옥정

중전 장씨(장옥정, 장희빈) : 우꾸꾸~

아빠마마~세자예요~안녕하떼요(>ㅂ<)

중전 장씨 :

보고시퍼요~엄마마마한테 오떼요~♥

숙종 : 어전회의 시작했어.

끊을게.

근데……
지금은 잘 모르겠어.

솔직히 나도 힘들다.
엄청 배신감 느껴.

[19대 왕, 사랑꾼 숙종(32)]

땅 드려 벼슬 드려,
처가댁에 내가
얼마나 잘했는데

당신 오빠 대체 왜 이래??

1 장희재 ↑

실시간 급상승 검색어

1 장희재　　　　NEW!
2 장옥정 오빠
3 측근비리
4 중전 장씨 오빠
5 남인
6 비승은실세
7 장다리는 한철이고
8 장다리 악보 다운
9 사씨남정기 txt
10 눈뜨세요 주상전하

숙종, 병조판서 민종도

숙종

병판
나 질문.

자네 얼마전까지
희재형님이랑 같이 일했잖아

[정치] "내가 중전마마 오빠야"

전하 지지도   인현왕후 폐비

장희재
게이트

[사진] 외척비리에도 고개빳빳…주상전하 믿고 나대

네티즌 덧글(1692개)

└꽃순* : 와 노양심ㅋㅋㅋㅋ전하도 실망ㅠ

└매난*국죽 : 저런사람이 세자저하 외삼촌ㅋ조선 멸망각

└갑돌* : ∧(^ㅂ^^)장다리는 ♬한철이GO(/^ㅁ^)/
　　　　∧(^ㅂ^^)미나리는 ♬사철일SAY(/^ㅁ^)/

└일점*홍 : 장희재 방산비리 의혹도 있죠ㅇㅇ
　　　　　국방비로 쓴다면서 돈엄청 빼돌렸다고

└장씨*OUT : 사생활도 더럽다함
　　　　　노비출신 첩한테 푹빠져서
　　　　　조강지처한테 밥도 안준다던데ㅜ

이거 몇퍼센트 진짜야?

병조판서 민종도

아이구 전하
빵프롭니다 빵프로

어디서저런ㄴ 시뻘건거짓말을;;;

? 올ㅎ그래?

여보.
당신 오빠 있잖아.

내 사랑하는 베프 @민종도랑 #적셔

♥ 장옥정님 외 좋소이다 169.2k

우의정 민암 : 캬 싸나이들 뭉쳤구나~

민종도 : @민암 숙부님 함 모시겠슴다! 충성!

대전 김내관 : 조선의 밝은 미래가 여기에~^^

수라간 맹상궁 : 다들 멋지시옵니다^^

사헌부 박청렴 : 장대감! 평소 존경했습니다.
식사대접 한번 하고 싶은데
쪽지확인 부탁드립니다^^
남인이여 영원하라!

좋은 친구 많더라ㅎ?

셋이요

후회

누굴 탓해.
다 내 잘못이다.

대드는 사람들 다 없앴잖아.
서인들, 시열쌤,

그리고 이 사람.

전 중전이신 #인현왕후 마마 숙소가 낡아
담벼락이 무너졌습니다.
먹을 쌀도 없는 형편이라 수리비가 없습니다.

#좋소이다 하나당 쌀 한 되가 적립됩니다.

주상전하께서는 단돈 1푼도 안 주십니다.
폐비되셨지만 한때는 이 나라 왕비셨습니다.
마마께서 안심하고 주무실 수 있도록 도와주세요.

♥ 첫 좋소이다 눌러주시오!

다들 개무시했네.
내 눈치 보느라ㅋ

하…….

성격 깐깐하긴 했어도
이런 대접 받아도 될 사람은
아닌데…….

人數多口來門

 폐비민씨 @SaveTheQueen
방금전

26살

전 중전이신 #인현왕후 마마의 생신입니다.
축하해주세요~^^

♥ 최씨

최씨 : 감축드립니다 마마^^

?

메시지 to 최씨

숙종

? 너 누구야

왜 폐비 생일축하해

 최씨

헐전하

저ㅠㅠ
폐ㅖ비마마 모시는ㄴ
무수리요ㅠㅠㅠㅠㅠ

※무수리 : 궁에서 잡일을 하는 천인.

숙종

허 무수리;

궁녀들 빨래나 하는
천것주제에 날 도발해?

 최씨

이년을
죽여주셔ㅕ요

목숨내놓겠습니다

숙종

목숨은 됐고
번호좀

최씨

네;;?

숙종

맞팔도ㅇㅇ

숙종,
천한 무수리 최씨를
후궁으로 들이다.

최씨,
곧 왕자를 낳으니

그가 곧 21대 왕 @영조다.

헐 임금 엄마가
천민이야?

헐.

실록에 기록된 것

- 장옥정의 오빠 장희재, 동생이 총애받자 함께 출세가도를 달리다. 남인들의 구심점 역할을 하다.
- 숙종, 인현왕후를 쫓아내다. 식량마저 주지 않다. 신하들이 그래서는 안 된다고 상소했으나, 분노한 숙종, 그들을 모조리 벌하다.
- 장옥정, 왕자를 낳은 이듬해(1689년) 중전이 되다. 겨우 5세에 세자로 임명되다. 훗날 경종. 장씨 가문 사람들과 남인들, 더욱 기고만장하다.
- 병조판서 민종도, 장희재가 너무나 인망이 높다며 다른 곳에 발령내지 말아 달라 간청하다.
- 세간에 이상한 동요가 유행하고(중전 장씨와 세자를 조롱하는 노래), 장희재를 비롯한 포도대장들이 내관 및 궁인들과 결탁했다는 비리가 터지다. 장희재가 군비를 빼돌렸다는 소문 돌다. 숙종, 이번만큼은 웬일로 장희재를 포도대장 자리에서 갈아내다.
- 그로부터 20일 후, 최씨가 후궁이 되다. 장희재, 최씨를 독살하려다 가문과 동생 장옥정을 파멸로 이끌다.

기록에 없는 것 픽션

- 최씨 신분이 정확히 무엇이었는지는 알기 힘들다.

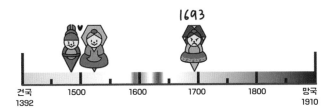

1693

건국   1500   1600   1700   1800   망국
1392   1910

107번의 탄핵, 꿈은 이루어진다

"절대 권력은 절대 부패한다"라는 말이 있다. 절대가 아니더라도 권력은 잘못을 저지르기 쉽다. 권력형 비리라는 말이 괜히 나온 것이겠는가. 나라를 운영하기 위해 권한을 위임받은 관리들이 그 힘으로 자기 자신의 이익을 채우려 드는 부정부패는 시대를 막론하고 끊임없이 불거져 나왔고, 언제 어느 때고 해결하지 않으면 안 되는 문제였다.

높은 관직에 오른 사람이 나라를 다스리기 위해 주어진 권력을 남용하고 나라를 소유물쯤으로 착각해 제 호주머니를 채워 넣기 급급하면 나라 살림이나 민정은 뒷전으로 밀려나게 되니 나라꼴은 엉망진창이 된다. 조선말의 세도정치가 그 좋은 예이다. 조선에도 부정부패가 심각해지지 않게끔 견제하는 장치가 있었으니 사헌부와 사간원이 그들이다. 그리고 그들이 사용한 수단이 탄핵이었다.

탄핵彈劾. 탄알 탄 자에 캐물을 핵 자를 조합해 만든 이 단어의 뜻은 죄상을 캐내어 책망한다는 뜻이다. 말 그대로 잘못을 찾아내 "이러저러한 부분을 잘못했잖아!"라고 따지고 야단치고 이에 대한 처벌로 자리에서 끌어내는 것이다. 사헌부와 사간원을 비롯한 간관諫官들이 조직을 감찰하고 잘못을 밝혀내 탄핵하는 일을 맡았다. 원칙대로 따지자면 탄핵은 사헌부의 몫이었지만, 때로는 사간원도 했다. 차이가 있다면 사헌부(대간)는 주로 관료들을 감찰하여 탄핵했고, 사간원(간관)은 왕에게 따지는 일을 했다. 그래서 서로 분위기도 다르고 차이도 있었으며 가끔은 서로 싸우기도 했지만 잘못을 비판한다는 데에서는 함께 합을 맞춰 합동 상소를 올리기도 했다. 잘못을 저지른 상대가 누구든, 어떤 고위 관직이든 대간은 탄핵을 망설이지 않았다.

조선시대 탄핵의 특징은 풍문만으로도 탄핵이 가능했다는 점이다. 본래 비리 문제를 처벌하려면 대체로 증거가 있어야 했다. 암행어사 이몽룡이라고 해도 악덕 변사또를 파직시키려면 그가 잘못을 저질렀다는 증거를 확보해야 했다. 하지만 탄핵은 그렇지 않았다. "사람들이 말하는데 누구누구가 잘못을 저지르고 있대요!"라며 탄핵할 수도 있었다는 말이다. "이런 소문을 들을 정도라면 그 관리의 품행이 얼마나 나쁘다는 뜻이겠는가?"라는 짐작만으로도 탄핵은 가능했다. 물론 소문이 항상 진실은 아니었기에 헛소문만으로 탄핵받을 수 있다는 문제가 있었고, 실제로 그런 부작용이 있었다. 하지만 탄핵의 대상이 되었던 사람들은 대부분 힘세고 빽 좋은 고위관료들이었고, 그러다 보니 사람들은 그들의 잘못을 보고도 입을 다물기 일쑤였다. 누군가 나서서 그들을 제보하기 어려우니 어디서 시작되었는지 모를 풍문, 소문도 탄핵의 근거로 삼았던 것이다. 소문은 그 출처를 알기 어렵기에 제보자들의 신변도 안전할 수 있었다.

또한 대간들은 "관리를 임명하는 것은 임금의 일이지만 공론을 따라야 한다"라고 했다. 여기서 말하는 공론이란 곧 여론이다. 소문이란 헛된 소리일 때도 있지만 결국 많은 이들의 목소리이며 하나의 여론이 되기도 한다. 대간들이 탄핵에 소문을 근거로 삼은 것은 그것을 여론으로 여겼기 때문이며 여론을 대변하여 탄핵을 통해 정의로운 세상을 만들어내고자 했기 때문이다.

지금 같은 민주주의 정치에서는 탄핵 역시 국회에서 표결에 들어가는 등 절차를 거쳐야 하지만 조선은 왕국이다 보니 최고 결정도 왕이 했다. 그러다 보니 어떤 탄핵은 들어주고 어떤 탄핵은 거부하기도 했다. 그러나 조선의 간관들은 탄핵이 거부되면 또 탄핵을 하였으며 절대 한두 번으로 멈추지 않았다. 예를 들어 세조의 오른팔로 계유정난을 이끌고 출세해서 자신의 두 딸을 각각 예종, 성종에게 시집보내고 조선 최고의 권신으로 자리 잡았던 한명회. 왕을 우습게 보고 명령도 듣는 체 마는 체하는 등 지나치게 막강한 권력을 누렸던 그를 조선의 어느 누구도 함부로 대하지 못했지만 간관들은 그를 그냥 두지 않았다. 성종 시기, 한명회는 자그마치 107번의 탄핵을 받았다. 이유는 다양했다. 뇌물을 받았다, 임금의 명령을 무시했다, 명나라 사신을 개인적으로 만났다……. 이 탄핵들은 대부분 성종에게 거부당했다. 자신의 장인이기도 했고(딸 공혜왕후 한씨는 일찍 죽었다) 할아버지의 신하였던 한명회를 처벌하기가 부담스러웠을 것이다. 그렇다고 탄핵이 소용 없는 것은 아니었다. 세 왕의 시대를 거치며 왕도 자신의 발밑에 두는 듯했던 천하의 한명회의 정치적 입지를 조금씩조금씩 줄여나가 마침내 삭탈관직시키는 위업을 달성해내고 말았으니까. 물론 성종 때의 간관들은 지나치게 극성스러워서 사회적 문제가 되기도 했지만 끊임없는 탄핵을 통해 한명회를 비롯한 훈구대신들의 권한을 줄여 나가는 데 성공했다는 것은 부정할 수 없는 성과이다.

조선
왕조
실록

19
인현왕후의 복수

하나요 **숙종의 이혼**

사랑에 빠지면 바보가 된다.
내가 그랬다.

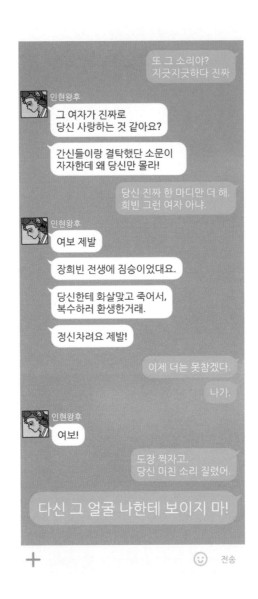

또 그 소리야?
지긋지긋하다 진짜

인현왕후
그 여자가 진짜로
당신 사랑하는 것 같아요?

간신들이랑 결탁했단 소문이
자자한데 왜 당신만 몰라!

당신 진짜 한 마디만 더 해.
희빈 그런 여자 아냐.

인현왕후
여보 제발

장희빈 전생에 짐승이었대요.

당신한테 화살맞고 죽어서,
복수하러 환생한거래.

정신차려요 제발!

이제 더는 못참겠다.

나가.

인현왕후
여보!

도장 찍자고.
당신 미친 소리 질렀어.

다신 그 얼굴 나한테 보이지 마!

+   ☺ 전송

나는 큰소리를 땅땅 쳤고,
우리는 갈라섰다.
속이 다 시원했다.

그러나, 5년 후.

숙종님께서 인현왕후님을 초대했습니다.

안읽음
오전 2:00
......여보

안읽음
오전 2:00
미안해 이 밤중에......

안읽음
오전 2:00
자니?

\+ 😊 전송

둘이요
잘못했어

인현왕후
?

아 다행이다
번호 안 바꿨구려ㅎㅎ

여보 내가 잘못했소ㅠㅠ
우리 다시 시작할 순 없을까?

인현왕후
이년같은 죄인에게
그 무슨 망극한 말씀이신지...

장희빈 그 여자 싸이코였소ㅠㅠ

예쁘다 예쁘다 해줬더니
남인들이랑 같이
내 머리위로 기어오르더라고ㅠㅠ

다그닥♥다그닥♥

그렇게,
게임이 시작되었다.

난 몰랐다.
중전에게 이런 독한 면이 있었나?

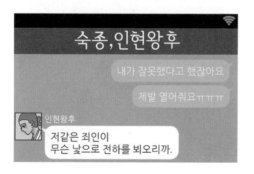

셋이요
죽어야죠

조선왕조실톡

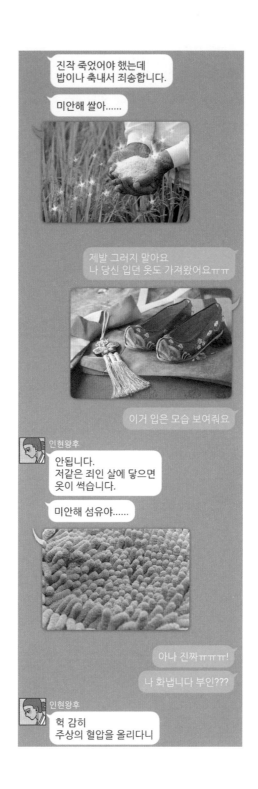

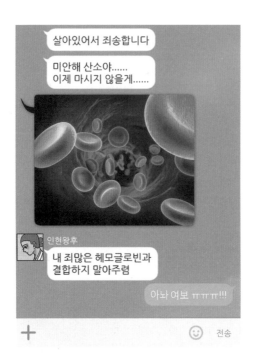

내가 며칠이나 빈 뒤에야
중전은 자리에 앉았다.

그리하였다고 한다.

끝.

실록에 기록된 것

정사 正史

- 숙종, 애첩 장희빈에 빠져 인현왕후를 등한시하다.
- 인현왕후, "장희빈은 간신들과 한패. 전생에 짐승이었는데, 전하가 쏜 화살에 맞아 죽어 원한을 갚으려고 다시 태어났다"고 주장하다.
- 숙종, 인현왕후를 폐출하다.
- 장희빈과 남인들, 권세를 누리다.
- 위기감 느낀 숙종, 다시 인현왕후를 중전으로 삼다.
- 인현왕후, 집 문을 잠그고 나가지 않다.
- 인현왕후, 숙종이 왕후의 옷을 보내자 입지 않다. 숙종이 "그 옷 안 입으면 당신 몸종들 벌준다" 협박하자 마지못해 입다.
- 인현왕후, 숙종이 선물을 보내자 반송하다.
- 인현왕후, 숙종이 맞이하러 나오자 엎드려 빌다.
- 인현왕후, 왕비의 처소에 어찌 감히 머물겠느냐며 빌다.
- 인현왕후, 편히 앉으라는데 굳이 서 있다.
- 숙종, "아 진짜 이렇게까지 할래?"라고 화내다.

기록에 없는 것

픽션

- 인현왕후는 체어chair를 하기에는 몸이 많이 약했다.

1694

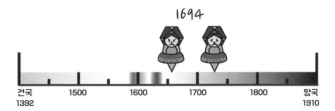

건국 1392   1500   1600   1700   1800   망국 1910

- 열아홉 번째 이야기 -
우쭈쭈가 필요해?

조선시대 여성들은 그저 순종적이고 고분고분하게 아버지, 남편, 아들의 뜻에 따르기만 했을 것 같다. 조선은 유교의 나라인 동시에 남존여비의 사회였으니까. 그렇다고 해서 여자들이 그것에 부당함을 느끼지 않은 것은 아니었다. 큰 규모의 저항이 없었다고 해서 무조건 "네, 네" 하며 조아리지도 않았다는 뜻이다.

명종 때의 유학자이자 정치가인 미암 유희춘은 옥사에 휘말려 자그마치 20년 동안 귀양생활을 했다. 그동안 그의 부모님을 돌보고 가정을 이끄는 일은 아내 송덕봉이 도맡아 해야 했다. 유희춘의 어머니는 송덕봉에게 고마운 나머지 아들에게 칭찬하는 편지를 보내기도 했다.

20년은 무척 긴 시간이다. 유배 와중에 어머니가 죽고, 선조가 즉위하고 나서야 비로소 풀려난 유희춘은 공직 생활을 하게 되는데, 아내는 시골에서 지내고 유희춘은 서울에서 홍문관의 부제학을 지냈다. 그러던 유희춘은 아내에게 편지를 보냈다. "나 몇 달 동안 여색을 가까이 하지 않았습니다. 당신, 나 같은 남편 둔 거 복 받은 줄 알아요. 데헷^^"이라고 말이다.

송덕봉은 한자를 잘 아는 것은 물론 글 솜씨도 빼어나서 남편과 곧잘 시를 주고받았던 여성이었다. 남편 없이 혼자 가정을 건사했을 만큼 유능했으며, 덧붙여 자신의 능력에 큰 자부심을 가지고 있었다. 그리하여 유희춘에게 보내어진 아내의 답장은 담박했다. "군자가 행실을 닦고 마음을 다스리는 일은 성현의 가르침에 따른 것이지 아내를 위한 것인가?" 바꿔 말하면 당연한 일을 한 건데 무슨 공치사를 하냐고 대꾸한 것이다.

그것만으로 부족했는지 송덕봉은 남편을 한 번 더 쫀다. "옳은 일을 하면 주변 사람들이 어련히 알아줄 텐데 힘들게 편지를 보낸 걸 보면 겉으로 옳은 일을 하는 척하고 그것을 또 남이 알아주길 바라는 병폐가 있는 것인가?" 뿐만일까. "나이가 예순이 가까이 되었으니 응당 그렇게 하는 게 건강에 이로운 것이며 그건 내게 은

혜를 베푼 것이 아니다"라는 말도 덧붙인다.

　그러면서 그동안 자신이 해왔던 일을 차근차근 적었다. 유희춘이 귀양 가고 나서 시어머니가 돌아가셨을 때 유희춘은 묶여 있는 처지라 울며 슬퍼하는 일밖에 할 수 없었다. 그 대신 송덕봉은 시어머니의 장례를 정성을 다해 치렀고, 묏자리를 보고 제사를 지내는 것까지 혼자서 다 했다. 얼마나 잘했던지 주변 사람들이 친자식보다 낫다고 칭찬할 정도였다. 뿐만이 아니라 장례를 치른 뒤 송덕봉은 남편을 만나기 위해 머나먼 함경도 종성까지 오고 갔는데, 워낙 멀고 힘든 길이라 다녀온 이래 골병이 들어 10년 가까이 고생을 해야 했다. 남편이 없는 동안 노비들을 부리고 소출을 거두어 운영하고 아이들을 키우고 교육시키는 일까지 모두 송덕봉의 몫이었다.

　"당신이 몇 달 독숙한 공을 내가 한 일들과 비교하면 어느 것이 가볍고 어느 것이 무거울까?"

　편지 글만 읽어도 어금니를 꽉 깨문 게 눈에 선하게 떠오른다. 이렇게 남편을 책하고도 송덕봉은 "잡념을 끊고 몸 건강히 오래 살아요, 그게 내가 밤낮으로 바라는 일입니다"라는 말로 마무리를 지었다. 이런 편지를 받은 유희춘은 어떻게 했을까? 화를 냈을까, 아니면 낙담했을까? 아니었다. "부인의 말과 뜻이 다 좋아 탄복을 금할 수 없다"고 탄복하고 자신이 잘난 척한 것을 반성했다.

　이 부부의 이후 사연을 이야기하자면 송덕봉은 오랜 유배생활 끝에 돌아온 남편과 함께 여생을 보내고 싶어 했기에 어서 시골의 집으로 돌아오라고 권했다. 유희춘은 책만 보며 덜렁거리는 타입이었지만 송덕봉은 꼼꼼하고 차분하면서 풍류를 즐기는 사람이었다. 비록 유배생활 때문에 20년 동안 떨어져 지냈지만 그들은 사랑했으며 서로를 존중했으니, 마침내 아내의 소원대로 유희춘은 벼슬을 그만두고 죽는 날까지 함께했다.

조선
왕조
실록

20
숙종도 덕질을 했다

숙종   ㅎㅇㅎㅇ

관우   你好 ^^;

※ㅎㅇ

하나요 빠돌이

고양이를
좋아했다던 숙종.

하지만 그의
사진 앨범 지분을

고양이만큼이나
많이 차지한 #인물이
있었으니.

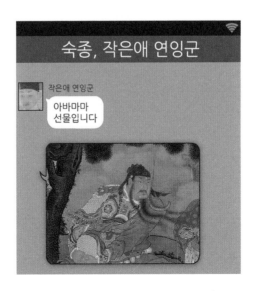

숙종

오구오구
고마워 아들^^

줍줍

전송

숙종, 세자(훗날 경종)

세자

정말 죄송하ㅣㅂ니다 아바마마
바쁘실텐데 괜히 문잘ㄷ드려서

적어ㅓ서 죄송합니다
아바마마 생ㄱ갂ㄹ나서요

숙종

아 넌 진짜
센스 바닥이다

어떻게 나한테
이미 다 있는것만
골라서 퍼오냐??

둘이요 **사생팬**

그래,
『삼국지』에 등장하는
바로 그 관우다.

127 **동묘앞**
Dongmyo

충성과 의리의
대명사였던 관우.

[로도비유] 한양 동관왕묘

조선 곳곳에는
그를 기리는 사당마저
있었으니.

숙종, 도승지

숙종

도승지
가마불러

동묘에 참배가자

도승지

??;;;;;;;
얼마 전에도
가셨는데요???;;;;

오늘은 참으시죠;;;;;

아ㅏ 왜
우로빠 보고
힐링하겠다는데

봐바 비주얼 독보적이지

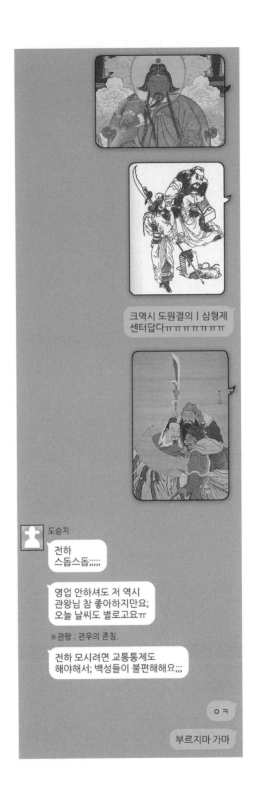

크역시 도원결의 | 삼형제
센터답다ㅜㅜㅜㅜㅜㅜㅜㅜ

도승지

전하
스돕스돕;;;;;

영업 안하셔도 저 역시
관왕님 참 좋아하지만요;
오늘 날씨도 별로고요ㅠ

※관왕 : 관우의 존칭.

전하 모시려면 교통통제도
해야해서; 백성들이 불편해해요;;;

ㅇㅋ

부르지마 가마

도승지

ㅠㅠㅠㅠㅠㅠㅠㅠㅠ아
젊하 스돕스돕;;;;;;;

내가 걸어간다ㄴ
형 기다려요

셋이요

피규어

이뿐만이 아니었다.

덕질 끝판왕은
#피규어라지 않던가?

숙종,
온갖 #관우 조각상에
집착했으니.

#등신대피규어

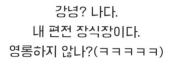

강녕? 나다.
내 편전 장식장이다.
영롱하지 않나?(ㅋㅋㅋㅋㅋ)

오늘은 한양 2대 관우사당
<종로 동관왕묘> VS. <사당동 남관왕묘>
조각상을 비교해보고자 하노라.

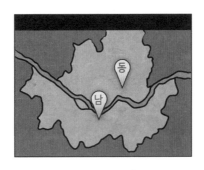

먼저 남묘 관우상이니라.
위풍당당하지 않느냐?

근접샷이다.
표정이 매우 생생하여 좋다.
"이 술이 식기 전에 목을 따오겠소!"(깪ㅋㅋ)

다음은 동묘 관우상이다.
동묘가 규모가 커서 제일 유명하다.
멀리서 보면 썩 괜찮은데⋯

아······.
도색 퀄리티····· 아······.

(말잇못)

이상이니라.

주군을 위해서는
목숨도 내던졌던 충신 관우!

우리 조선에도 어디
그런 신하 없나~~~ㅠㅠㅠㅠ

네티즌 덧글(1720개)

└ **돌쇠*님** : 잘봤습니다~^^

└ **익명님** : 흠ㅋㅋ근데 전하 좀 웃기네요

└ **익명님** : 맨날 환국하셔서 신하들 박살내시고ㅋㅋ
　　　　　장희빈마마까지 팽하셨으면서ㅋㅋ
　　　　　충성을 바라시나요ㅋㅋㅋㅋㅋ

　　└ **익명2님** : ㅇㄱㄹㅇ
　　　　　　관우같은 신하를 원하시면
　　　　　　유비같은 리더가 되시든가ㅋ

└ **숙종님** : 니들 누구야??죽을래??

그리하였다고
한다.

끝.

정사 正史

- 임진왜란 중, 명나라 원군들 조선에 관우를 기리는 사당 세우다.
- 조선 임금들 『삼국지』 좋아하다. 『연의』는 "약간 허무맹랑하다"며 기피했지만 그래도 즐겨 읽다.
- 숙종, 관우를 매우 좋아하다. 늘 관우 이야기를 인용하고, 관우의 사당에 참배하러 가다.
- 신하들, 관우 사당에 그만 좀 가시라고 하다. 준비에 시간과 돈이 많이 들기 때문. 그러나 숙종, 아랑곳하지 않고 가다.
- 숙종, 관우상 앞에서 절해도 되냐고 신하들에게 묻다. 신하들, "그건 오버다"라며 만류하여 약식 인사만 올리다.
- 숙종, 동묘의 관우상보다 남묘의 조각상이 매우 생기 있다며 감탄하다.
- 숙종, 장희빈이 낳은 세자(경종)를 싫어하다. 세자가 올리는 술조차 받지 않으려 하다.

픽션

- 실리콘 피규어는 없었다.

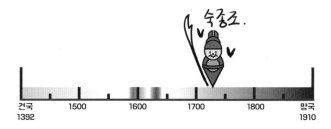

숙종조.

건국	1500	1600	1700	1800	망국
1392					1910

의리킹 숙종?

숙종 치세의 한 가지 중요한 특징은 정말 많은 이들이 복권했다는 점이다. 먼저 사육신이 있다. 잘 알려진 대로 왕위에서 쫓겨난 단종을 복위시키려고 했지만 밀고자 때문에 들켜 결국 일가족과 친한 사람들, 그들을 옹호한 이들까지 줄줄이 처형당했던 비극이다. "충신은 두 군주를 섬길 수 없다"는 것이 유교의 중요한 캐치프레이즈였던 만큼 사육신은 충신 중의 충신이자 선비들의 아이돌이었다. 하지만 그들을 죽인 세조의 후손이 대대로 조선의 임금이 되었기에 사육신을 칭찬하는 것은 곧 세조를 욕하는 것이었으니, 조선에서 사육신은 공식적으로는 역적이되 비공식적으로는 충신인 기묘한 사람들이었다.

이는 굉장히 민감한 문제였다. 어느 정도였냐 하면 선조는 생육신 중 한 사람인 남효온이 지은 『육신전』을 보고 몹시 기분 나빠 하면서 "내 조상님을 욕한 거야? 사육신들이 무슨 충신이라고!"라며 책을 죄다 모아 태워 버리겠다며 길길이 날뛰었을 정도였다. 신하들은 이런 '요망한' 책은 똑똑한 사람이라면 거들떠도 안 볼 것이라며 선조를 달랬지만, 사실 조선 사람들에게 사육신의 인기는 엄청났다. 1672년(현종 13), 큰 비가 내려 성삼문과 그의 외손자인 박호의 위패가 우연히 발견되자 각지의 선비들이 구름처럼 모여들어 이름난 충신의 위패를 한 번이라도 보고 싶어 할 정도였다.

1679년(숙종 5), 숙종은 궁궐을 떠나 노량에서 군사훈련을 시행했다. 이때 허적이 슬쩍 임금에게 "여기 사육신의 무덤이 있는데 돌보는 사람이 없으니, 봉식을 해주는 게 어떻냐"라고 제안했다. 찬성도 있었고 반대도 있었지만, 숙종은 사육신의 무덤에 제사를 지내주고 복권까지 밀어붙였다. "사육신들은 당대에는 난신이었지만 후세에는 충신이니까 오늘의 이 일은 실로 세조의 남은 뜻을 잇고 큰 덕을 빛내는 것이다"라는 말과 함께. 마찬가지로 그때까지 노산군으로만 있던 단종도 노산대군으로 봉했다가 마침내 단종이라는 묘호를 받아 종묘에 위패를 두게 된다. 그와 함께 세조에게 죽임을 당했던 안평대군, 금성대군도 복권되었고 김종서와 황보인의 후손들의 금고가 풀렸다.

가장 놀라운 업적은 민회빈 강씨의 복권이었다. 할아버지 효종이 역강이라고 하며 욕했던 큰할머니였건만 1718년(숙종 44) 숙종은 소현세자빈 강씨의 위호를 회복시키고, 신하들에게 강빈이 죽은 일을 의논하게 했다. 강씨의 억울한 죽음을 모르는 사람이 어디 있겠는가! 신하들이 당연히 잘못된 일이라고 하자 숙종은 냉큼 강씨를 복권시켰다.

"내가 강빈의 옥사를 마음속으로 오랫동안 슬퍼해왔다. 아, 원통함을 알고서 억울함을 씻어주지 않는다면 이게 옳은 일이겠는가?"

그러면서 강씨에게 민회라는 시호를 내려준 뒤, 그녀의 위패를 소현세자 곁으로 보내 함께 제사를 지내게 했다. 두 사람의 위패를 한 자리에 합하는 날, 숙종은 소현세자의 손자인 임창군과 함께 참석하기까지 했다. 초라하게 묻혀 있던 민회빈 강씨를 소현세자의 무덤에 합장했는데, 숙종은 손수 강씨를 위로하는 제문을 지어주었다. 복권을 한다고 해서 죽은 사람이 살아 돌아오는 것은 아니지만 죽은 지 80년 뒤에라도 그 억울함이 위로받을 수 있다는 것은 참으로 기쁜 일이었다.

공정왕은 정종이라는 묘호를 받아 제대로 된 조선의 두 번째 왕으로의 자격을 가지게 되었으며 구성군 이준도 왕족의 지위를 되찾게 되었다. 이순신의 사당이 처음 만들어지기도 했다. 그 외에 숙종은 자신의 손으로 죽였던 송시열의 복권도 해주었다.

의리와 충성을 널리 권장하게 하기 위해서라곤 하나 사육신이나 단종, 민회빈 같이 누구도 건드리지 못했던 민감한 문제들을 쓱싹 처리해 버린 것은 역시나 굉장한 결단이다. 여기에는 정치적 의도보다는 의리와 명예의 화신 관우를 그토록 추종하던 숙종의 개인적 취향이 더 많이 작용한 것 아닐까 싶다. 왕의 권한을 이용해 억울한 이들의 자리를 찾아주며 숙종은 관우와 같은 영웅이나 정의의 사도가 된 기분을 느꼈을지도 모른다. 정작 자신이 억울한 이들을 잔뜩 만들어 냈다는 게 아이러니하지만 말이다.

3부

경종　1720~1724년 재위

연잉군　1721년 왕세제 책봉

21

인현왕후의 아들램

 인현왕후　　　　(어색)

 세자(훗날 경종)　착할께요

 장희빈　　　　(알수없음)

하나요 **인현왕후 복위**

왕비였던 장희빈이
후궁으로 밀려났다.

그 자리를 돌려받은 나,
인현왕후(27세).

人數多口來門

인현왕후 @jayoung

#중궁전아 내가 왔단다...^ㅜ
5년만에....다시 온 궁궐...감사합니다...

❤ 169.4k 좋소이다

백성 장돌 : 복위 감축감축ㄱㅊㄱㅊ

★장옥정아웃★ : 바깥에서 고생하시느라
빼빼 마르신거봐ㅠㅠㅠ

장옥정…… 그이는
모든 걸 두고 떠나야 했다.

부드러운 비단옷,
귀한 장신구,

심지어…….

~사랑하는 엄마와 아들~

세자(훗날 경종)
어마마마
안녕히 주무 십시요

배 아파 낳은
자기 아들(7세)까지!

둘이요

원수의 아들

나도 황당하다;
임신조차 한 적 없는 내가
갑자기 #엄마라니?

거기다 딴사람도 아니고
#장희빈 #아들을
맡아 키우라고;;;;???

※후궁이 낳은 세자는
서류상으론 중전 자식이었다. (ex.광해군, 사도세자)

#매너손 #어색해서_죽겠다_살려줘

나도 사람인지라
아이 얼굴 볼 때마다
그간 당했던 게 떠올랐다.

얘도 나 밉겠지.
자기 친엄마 내쫓은 #아줌마.

그래서 솔직히…….
처음엔 잠깐…….
마음의 문을 열지 못했는데.

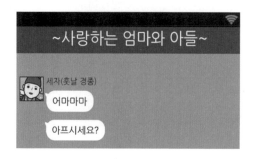

인현왕후

어 응
감기인가봐요^^;

세자(훗날 경종)

아프지 마 세요 😷 😷 😷

다음날

세자(훗날 경종)

어마마마
낫으셨나요?
기침약 먹으셨나요? 😄

줌군전 상궁한테 줘습니다

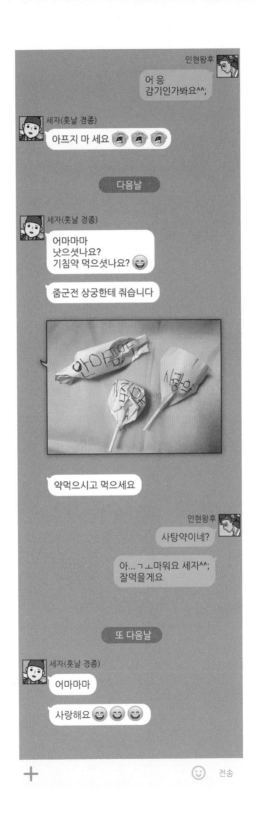

약먹으시고 먹으세요

인현왕후

사탕약이네?

아... ㄱㅗ마워요 세자^^;
잘먹을게요

또 다음날

세자(훗날 경종)

어마마마

사랑해요 😊 😄 😄

266
∨
267

+   😊 전송

ㅠㅠㅠㅠㅠㅠ
ㅠㅠㅠㅠㅠ♥♥♥

귀여워서 잠금해제▶

나는 부끄러웠다.

아이들의 사랑이란
생각보다 훨씬 크고
깊더라니까.

나는 윤이를
마음으로 받아들였다.

그런데 어느 날.

사실, 보내기 싫다.
심술 때문이 아니다.

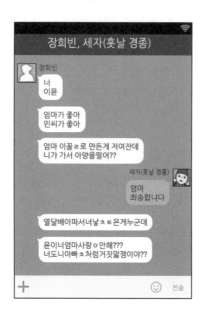

갈 때마다 아이가
상처를 받고 돌아오니까.

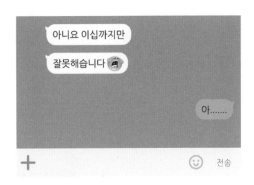

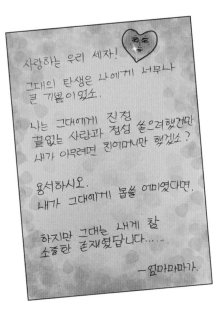

— 인현왕후가 병으로 죽으며
열네 살, 어린 경종에게 남긴 유서 —

한다. 그리하였다고

끝.

정사 正史

실록에 기록된 것

- 숙종, 장희빈을 왕비 자리에 앉히고 인현왕후를 폐비하다.
- 숙종, 왕비 장씨를 등에 업은 남인들이 왕권을 위협하자 장희빈을 내치다.
- 인현왕후, 5년 만에 궐로 돌아오다. 그녀의 나이 겨우 스물일곱.
- 장희빈의 아들 세자 이윤(7세), 인현왕후를 극진히 모시다. 아침저녁으로 문안인사를 드리고 인현왕후가 내내 병을 앓자 옆에서 자지도 않고 병간호를 하다.
- 그러면서 가끔 장희빈을 보고파하다. 그러나 장희빈, 인현왕후를 "민씨"라고 부르며 까내리는 바람에 어린 경종, 두 엄마 사이에서 당황하다.
- 인현왕후, 일찍 죽고 말다. 왕후를 따랐던 후궁 최씨(영조 엄마), 장희빈이 인현왕후를 저주했다고 고발하다. 장희빈, 남편 숙종에게 자결을 명받다. #아빠가_엄마에게_사약 #두_엄마를_잃은_경종

픽션

기록에 없는 것

- 매너손은 없었다.

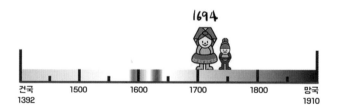

1694

건국 1392 1500 1600 1700 1800 망국 1910

마음으로 가족이 되는 법,
입양

사람이 결혼을 하고 가정을 꾸리는 데는 여러 이유가 있으며 자식을 낳고 키우는 것이 그중 하나가 되기도 한다. 그러나 자식을 원해도 생기지 않는 경우가 있다. 그런 문제를 해결하기 위해 인공수정이나 시험관 아기 등 관련 기술들이 많이 발전했지만 그럼에도 불구하고 난임의 고통에 시달리는 이들은 여전히 많다.

하물며 먼 옛날 조선시대에는 오죽했을까. 지금도 박물관에 가보면 돌로 만든 불상들의 코가 다 갈려 없어진 것을 곧잘 볼 수 있는데 돌부처의 코를 갈아 먹으면 아이를 낳을 수 있다는 미신이 유행했었기 때문이다. 문화재 파괴라는 생각에 앞서 얼마나 간절했으면 저 단단한 돌을 갈아냈을까 하는 생각부터 든다.

유교의 나라 조선에서 아이가 없다는 것은 큰 문제였다. 자손이 없다는 것은 그 뒤로 제사를 지낼 사람이 없다는 뜻이기 때문이었다. 조선 초기만 하더라도 딸들이 제사를 지낼 수 있었고 그 딸의 자식들이 제사를 물려받을 수 있었으니 그나마 좀 상황이 나았지만 시간이 흐르면서 딸들은 제사권이 없어졌다. 아들도 딸도 없는 사람은 죽은 뒤 제사를 받을 길이 막막했으니 그 시대 기준으로는 세상이 끝나는 거나 다름없었다.

그래서 조선시대에도 입양이 존재했다. 조선시대에는 입양이라고 해도 어느 정도 가까운 친척의 아들을 양자로 들이는 것이 일반적이었다. 아무래도 대를 잇는다는 관념 때문이었을 것이다. 이를테면 형제가 있는데 첫째 형에게서 자식이 태어나지 않고 둘째에게서 아들이 태어난다면 아이의 족보를 옮겨 첫째 형의 자식으로 삼는 것이다. 사촌 형제의 아들을 데려오기도 했다. 아주 남보다는 조금이라도 혈연이 닿아 있는 사람을 양자로 선호했다는 말이다. 딸은 아이를 낳아도 집안의 성姓을 물려줄 수 없다는 이유로 입양의 대상이 되지 못했다.

양자 들이기는 우선 왕족들 사이에서 자주 이루어졌다. 유독 아들을 많이 낳았던 세종대왕은 셋째 아들 안평대군을 일찍 죽은 동생 성녕대군의 양자로 삼았고, 다섯 번째 아들 광평대군을 아버지 태종에게 죽였던 무안군 방번의, 여섯 번째 아들 금성대군은 의안대군 방석의 양자로 삼았다. 인조의 셋째 아들인 인평대군은 아들 없이 죽은 삼촌 능창군의 후손으로 입적이 되었다. 이런 입양은 첫째로 제사 때문이었지만 한 가족이 된다는 의미도 있었다.

자식 없이 평생을 살아온 이들에게 입양이란 자식을 가지게 되는 참으로 기쁜 경험이었다. 아이도 부모에게서 사랑을 받았다. 정조 때 정승을 지낸 채제공의 친척 채팽윤은 부인 청주 한씨와의 사이에 자식이 없어 형의 둘째 아들 응동을 양자로 들였다. 한씨는 지극정성으로 아이를 키웠고 아이도 한씨를 몹시 따라 한시도 떨어지지 않았으며 엄마가 없으면 밥도 먹지 않을 정도였다. 어느 날 밤, 채팽윤은 책을 읽고 부인 한씨는 바느질을 하고 있었는데 응동이 두 사람 사이를 파고들어와 한씨는 행복에 겨워 "이대로 백 년만 살았으면!"이라고 말했다고 한다.

추사체를 만든 것으로 유명한 추사 김정희도 부인 한산 이씨와의 사이에서 자식이 없어 12촌 친척의 아들 김상무를 아들로 입양했다. 김정희는 아내에게 편지를 보내며 "드디어 우리에게 자식도 생기고 며느리도 생겼다!" 하며 몹시 기뻐했다. 당시 김정희는 제주도에 귀양을 가 있었는데 김상무가 아버지를 뵙고 인사드리겠다며 섬으로 오려 하자 정말 보고 싶지만 바다 건너오는 길이 너무 험하고 날씨가 나쁘다며 걱정을 했다.

물론 입양 과정에 행복만 있는 것은 아니었다. 숙종 시기의 학자 윤봉구는 내내 자식이 없다가 마흔이 넘어 겨우 자식을 얻었는데 공교롭게도 형에게도 자식이 없었다. 윤씨 문중은 윤봉구의 아들을 형의 양자로 보내게 했다. 겨우 낳은 외아들을 남의 집에 보내게 된 아내는 결국엔 심한 마음의 병을 얻어 죽을 때 눈도 감지 못했다고 한다.

이런 처참한 일들이 있기도 했지만 대부분 아이를 꼭 갖고 싶어 했던 이들에게 입양이란 소원을 이뤄주는 길이었다. 오늘날에도 모든 입양 가정에 한없는 행복이 깃들기를 빈다. 조선왕조실록

22

장희빈, 사약 받다

 인현왕후 (알수없음)

 희빈 장씨 (알수없음)

하나요 인현왕후의 죽음

아내는 처음엔
다리가 아프다고 했다.

[변덕쟁이 숙종]

나중엔 온몸이 다
아프다면서 밥조차
제대로 먹지 못했다.

[숙종의 왕비 인현왕후(35)]

결국 스러지듯 숨진 그녀.
가슴이 미어졌다.

그러나 실검을 보고
나는 내 두 눈을 의심했는데.

1️⃣ 인현왕후 추모 ⬆	
실시간 급상승 검색어	
1 인현왕후 추모 NEW!	
2 장희빈	
3 장희빈 저주	
4 장희빈 인현왕후 학대	
5 장희빈 스토킹	
6 장희빈 무당 굿	
7 장희재	
8 숙빈 최씨	
9 세자전하	
10 연잉군	

중궁전 박상궁

억울함풀어주십시오
제바류ㅠㅠㅠㅠㅠㅠ

둘이요 **답정너**

※ 답은 정해져 있어 넌 불어

참을 수가 없었다.
희빈의 나인들을 족쳤다.

감히 내 사랑하는
와이프를 건드려??

[라이브] 주상전하, 장희빈 특검 - 1차 조사

- 주상전하 : 네갔것들이 감히
중궁전창문에 빵꾸를 냈겄다!

[라이브] 주상전하, 장희빈 특검 - 1차 조사

- 나인 설향 : 뭔얘기임? 너 앎?
- 나인 숙영 : ㄴㄴㄴㄴ;;;;;

하… 저 가증스러운 것들ㅋ
어디서 거짓말을 해???

말로 해서는 안 되겠네ㅋㅋㅋ

이것들이 그래도??!!!

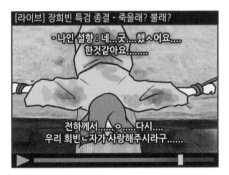

심하다고?
고문해서 억지로
자백시킨 거 아니냐고?

아니?
난 아무 잘못 없다.

[죄인 장희빈, 세자 이윤 엄마]

다 이 여자가 나쁜 거야.
착한 척 날 속였어.

난 정의구현한 거야!

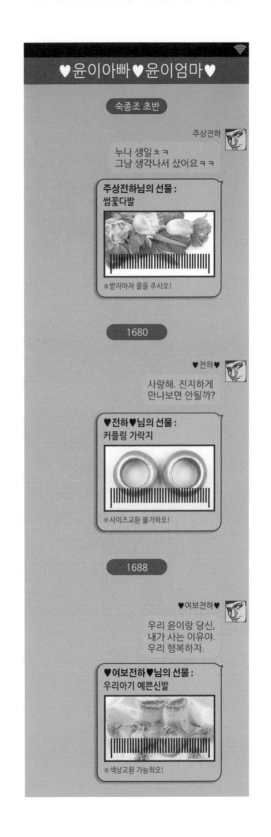

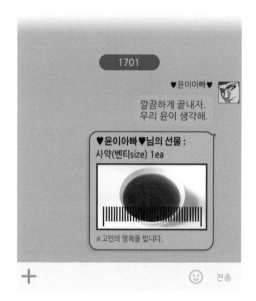

43세 장희빈,
그토록 서로 사랑했던
남편 숙종 손에 죽다.

숙종, "앞으로 후궁은 절대
왕비가 될 수 없다" 못 박다.

#ㅈㅈ ㅈㅈ

그
리
하
였
다
고
한
다.

끝.

정사 正史

실록에 기록된 것

- 폐비됐던 인현왕후, 다시 복위되다. 중전 장씨는 도로 후궁인 희빈이 되다.
- 희빈 장씨, 인현왕후를 업신여기다.
- 인현왕후, 뇌수막염과 관절병, 종기 때문에 병을 앓다가 사망하다. 인현왕후를 따랐던 후궁 숙빈 최씨가 범인이 장희빈이라고 밀고했다는 소문 돌다.
- 숙종, 희빈의 나인들을 친히 조사하다. 인현왕후와 숙빈 최씨를 해치려는 시도는 장희빈의 오빠 장희재가 했고, 장희빈은 그저 자식인 세자(훗날 경종)의 건강을 비는 기도만 올렸다는 결과가 나오다.
- 그러나 숙종, 나인들이 인현왕후를 해쳤다고 말할 때까지 고문하다.
- 숙종, 자신의 아내이자 아이의 엄마인 장희빈에게 사약 내리다. 자결을 명하다.

참고

- 고문은 훨씬 잔혹했다. 무릎을 부수는 압슬형도 가했다.

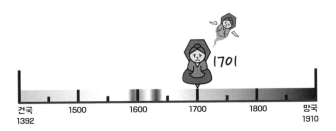

1701

| 건국 1392 | 1500 | 1600 | 1700 | 1800 | 망국 1910 |

- 스물두 번째 이야기 -
신데렐라의 처참한 죽음

인현왕후가 중전으로 복귀한 뒤 숙종은 나라 안에 두 왕비가 있을 순 없다며 장씨를 도로 희빈으로 내리고 왕비의 옥새를 빼앗았다. 뿐만이랴. '왕비였던' 장희빈이 타고 다니던 가마나 말안장 같은 물품들도 다 태워 버렸다. 대례복이 불타고 폐서인이 되었던 인현왕후보다는 조금 나은 처지라고 할 수 있지만 처참한 심경이 달라지는 것은 아니었다. 장희빈이 어떤 심정으로 왕비 자리에서 내려왔는지는 자세히 기록되어 있지 않다. 『실록』은 장희빈의 어떤 목소리도 기록하지 않고 있으니 말이다. 다만 엄청난 굴욕이었던 것만은 분명하다. 그래서 장희빈은 후궁의 의무인 왕과 왕비, 즉 숙종과 인현왕후에게 문안인사도 올리지 않고 인현왕후를 '민씨'라고 불렀다고 하지 않는가. 훗날 장희빈이 죽게 되었을 때 숙종이 핑계로 삼은 이유 중 하나가 그랬다.

줬다가 뺏는 것만큼 사람을 미치게 만드는 것도 없다. 왜 숙종은 장희빈을 왕비로 삼았다가 주저앉혔을까. 사랑이 식어서, 친인척의 비리 때문에, 남인들의 세력을 견제하려고 등 온갖 추측이 가득하지만 진실은 역시 숙종만이 알고 있었다. 장희빈의 축출은 인현왕후 때만큼 큰 반발은 없었다. 장희빈은 중인 출신이라 받쳐주는 가문이 없기도 했지만 장희빈의 이미지가 엉망이기 때문도 있었다. 아무리 숙종과 사랑하는 사이였다고 하지만 어쨌든 장희빈은 첩의 신분으로 본부인을 내쫓고 그 자리를 차지했다. 그 바람에 인현왕후는 폐비가 되어 몹시 비참하게 살았으니 당시 사람들, 특히 여성들이 얼마나 장희빈을 얄미워했겠는가. "미나리(민씨의 비유)는 사철인데, 장다리(장씨의 비유)는 한철이다"라는 민요가 널리 퍼진 것도 굳이 서인들의 조작이 아니었을 것이다. 굳이 따지고 보면 인현왕후를 쫓아낸 것은 임금인 숙종이었지만 감히 임금을 흉볼 수는 없는 노릇이기에 장희빈이 임금을 꼬드긴 악녀, 불여우로 낙인찍힌 것이다.

숙종은 '굳이' 장희빈을 죽이기까지 했다. 인현왕후가 (아마도 폐서인 시절의 고생 덕분에) 건강이 망가져 오랫동안 병을 앓고 고통을 받다가 1701년 세상을 떠나자 숙종은 장희빈의 오빠이자 제주도에 귀양 가 있던 장희재를 처형하라 하면서 장희빈이 그동안 인현왕후를 저주하고 있었다는 이야기를 흘린다. 일단 저주로 사람이 죽을 리도 없거니와, 그의 말대로 장희빈이 오랫동안 저주를 해 왔다면 왜 그 사실을 인현왕후가 죽고 나서 갑자기 알게 되었단 말인가? 신하들은 남인 서인 가릴 것 없이 장희빈의 처형을 반대했다. 가장 큰 이유는 장희빈이 죽을 만큼 큰 죄를 짓지 않았다는 데 있었다.

　하지만 숙종은 뜻을 굽히지 않았는데, 그 이유로 든 것은 구익부인의 이야기였다. 아주 먼 옛날, 중국 한나라의 무제는 나름 이것저것 업적을 세운 위대한 왕이었지만 간신들의 꾀임에 넘어갔고 태자와 손자까지 죽음으로 몰아넣었다. 나중에야 자신의 잘못을 깨달았지만 그렇다고 죽은 사람이 살아 돌아오는 건 아니었다. 그는 새로 황위를 이어받을 후계자로 아직 어린 다른 아들을 앉혔는데, 그 어머니 구익부인은 아직 젊었다. 한무제는 자신이 죽고 난 뒤 구익부인이 새로운 황제를 조종하지 못하게 하기 위해 아무 죄 없는 구익부인을 죽였다고 한다.

　숙종은 바로 같은 이유를 들어가며 장희빈을 죽이려 들었다. 나중에 자신이 죽은 뒤 장희빈이 세자를 마음대로 조종하려 할 것이라는 이유에서였다. "세자는 어질고 효성스럽지만 그 어머니는 악하니 더 처리하기 어려운 재앙이 될 것"이라며 결국 모든 이들의 반대를 뚫고 숙종은 자신의 고집을 관철시켰다.

　9월 25일에 말을 꺼낸 숙종은 10월 8일에 다시 명령을 내렸다. 이틀 뒤인 10일, 장희빈의 상여를 궁 밖으로 내보내야 한다는 이야기가 나오니 그 사이에 죽은 것이리라. 장희빈을 다룬 드라마에서는 꼭 마지막 순간 장희빈이 사약 먹기를 거부하며 약사발을 내던지고 궁녀들이 장희빈의 팔다리를 붙잡아 누르며 억지로 약을 먹이는 장면이 그려지곤 한다. 워낙 유명한 대목이다 보니 드라마마다 다르게 연출되어 비교해 보는 재미가 있을 정도이다. 하지만 그건 야사이고 『실록』은 그저 "자진(자살)을 명했다"라고 할 뿐 사약을 받았는지 목을 맸는지는 분명하지 않다.

　죽음을 앞두고 희빈은 어떤 생각을 하고 어떤 말을 했을까. 살아서는 이랬다저랬다 끌려 다니며 수모를 당하고, 죽어서도 악녀 요녀다 무자비한 엄마다 소리를 듣고 있으니 가장 억울한 인물은 장희빈일지도 모른다. 더군다나 숙종은 세자의 왕권 강화를 핑계로 장희빈을 죽여 놓고도 훗날 장희빈의 아들(경종)을 세자 자리에서 갈아 치우려고도 했던 모양이니, 역시 이 이야기의 가장 악역은 숙종이 아니고 누구이겠는가.

조선
왕조
실록

23
경종을 울려라

세자(경종)　　착하게 살자

백성들　　〈○〉_〈○〉

하나요 테스트

그냥 심심해서,
타임라인 쓱쓱 보다가.

顔 안면장부

★심심풀이 땅콩이로소이다~★

겉으로는 착해보여도 속은 꺼멓다?!
나도 모르는 내 맘속의 악마!

★★★★★★★★★★★★★★

재미로만 해보시구려~ㅋㅋㅋ

👍 168.8k 좋소이다!

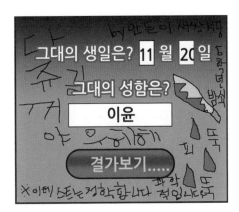

(두근두근;)

헐……ㅜ

나는…… 세자.
본명은 '윤'이라고 해…….

19대… 맞나…?
숙종대왕의 아들이야…….

人數多口來門

이윤 @seja_profit

헐나.....왜이렇게 쪘지.....ㅜㅜ
아바마마께서....뭐라고 하시겠다ㅜ

♥ 소론님들께서 좋아하시오!

소론 : ㄴㄴㄴㄴㄴ아이 귀여우셔~

어…?
세자면 조선 2인잔데…

왜 저런 서딩이 만든
테스트를 하고 앉았냐고…?

ㅜ…… 그게…….

17.01k 좋소이다!

노로로론 : 흠 근데 나만 불안한가ㅋ
복순이 : @노로로론 ?

노로로론 : 이런 일 전에도 있었자늠?

1. 아빠가 왕
2. 아빠가 엄마한테 사약먹임<-now!
3. 그걸 보고 아이가 비뚤어짐
4. 자라서 #폭군이 됨

노로로론 : 세자저하가 지금 이 스탯
고대~로 찍고 있는데ㅋㅋㅋ

저 #폭군이 누군지 다들 아시죠?

노로로론 : @연산군 ....

소오름……
내가‥ 연산군……
스킬트리를 타고 있다고ㅠ?

숨은 폭력성이 있다고……?

ㅜㅜ… 아니 일단…
백성들 나 그렇게 보는구나…….

도승지

저하ㅇㅅㅇ
오늘 보실 서류들입니당

📎 [형조]노비_안노미.jwp

📎 [이조]상평통보_디자인시안.jai

전하께선 오늘도 편찮으시대요ㅠ
환갑 코앞이시다보니깐...

대신 도장좀 찍어달라십니다

세자 이윤(훗날 경종)

아

헐...

ㅇㅇ.........ㅠ

도승지

ㅇㅇ흠 그럼
첫번째 안건인데요

"안노미"라는 노비가
귀한 공문서를 찢었다네요

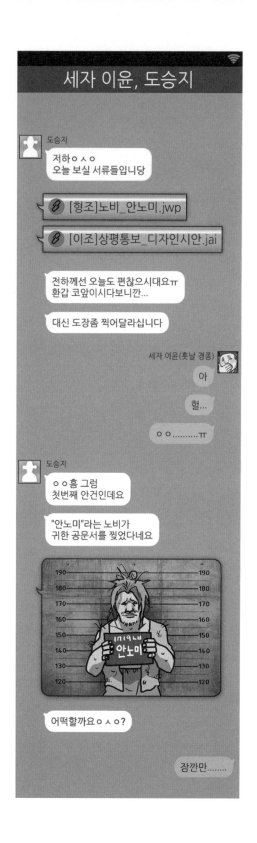

어떡할까요ㅇㅅㅇ?

잠깐만........

세자 이윤(훗날 경종)

찾아봤는데...................
그거 사형이라는데..........ㅠ

도승지
헐
죽여요?

네ㅎ;

아니 잠깐ㄴ만요

그냥.........징역......?

도승지
?
사형이라셨잖아요

ㅠㅇㅇ맞는데.........

아..............ㅠ

음

아바마마께 여쭤볼게요ㅠ

도승지
??????????전하께서
저하한테 결정하라고
하신건데요ㅇㅅㅇ;;;

ㅠㅠ그냥......여쭤ㅓ보께요
아바마마께...................

세자 이윤님께서 퇴장하셨소이다!

도승지
아 바뻐죽겠는데

핵소심하셔 진짜

그리하였다고 한다. 끝.

정사 正史

실록에 기록된 것

- 숙종의 왕비 인현왕후, 시름시름 앓다 죽다.
- 장희빈, 인현왕후를 저주하여 죽인 혐의로 남편 숙종에게 사사당하다.
- 장희빈의 아들 세자(훗날 경종), 인현왕후의 양자가 되다. 인현왕후 빈소를 지키느라 친엄마 장희빈이 사약 받는 것을 배웅하지 못하다.
- 세자, 어릴 적에는 영특했으나 점점 소심해지다. 노환으로 고통받는 숙종을 대신해 대리청정을 할 때에도 "알겠다", "아바마마께 여쭤보겠다"라고만 할 뿐 자기 의견을 말하길 극도로 꺼리다. 감정도 잘 드러내지 않다.
- 세자, 몸집이 매우 비대했다고.

픽션

기록에 없는 것

- 서당에서는 JAVA로 심리테스트 만드는 법을 가르치지 않았다.

숙종말.

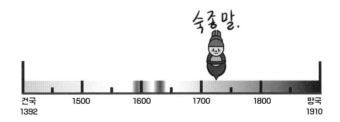

| 건국 | 1500 | 1600 | 1700 | 1800 | 망국 |
| 1392 | | | | | 1910 |

200년 만의 대리청정

1705년(숙종 31), 숙종은 세자(훗날의 경종)에게 왕의 자리를 물려주겠노라고 선언한다. 당시 세자의 나이는 17세. 열네 살에 즉위했던 아버지 숙종에 비하면 나이가 많았다. 왕이 살아 있는데도 세자에게 왕위를 물려주는 것은 이례적인 일이었다. 조선의 왕은 한 번 즉위하면 보통 죽을 때까지 왕이었고 그래서 일을 쉬어본 적이 없었다. 앞서 광해군이 세자 시절에 임시 정부인 분조를 이끌었던 것은 전쟁이라는 비상 상황 때문이었고, 이후로도 몇 번이고 선위를 당할(?) 처지에 놓였지만 그것은 자신의 왕 노릇을 이어 가려는 선조의 협잡질일 뿐이었다.

숙종은 꽤 진지하게 선위를 하려 했는데 건강이 너무 나빠진 탓이었다. 원래 허약 체질이었던 숙종은 나이가 들면서 눈병이 심해져 거의 앞이 보이지 않을 지경이 되었다. 하지만 왕국 조선에는 왕이 해야 할 업무가 무척 많았고, 이대로 살다가는 일 때문에 죽겠다는 생각이 들었는지 숙종은 세자에게 왕위를 물려주려 했다. 하지만 신하들이 적극 반대하는 바람에 3일 만에 선위 계획은 중단되었다.

이후로도 숙종은 병마에 시달렸다. 병이 잘 안 낫는다고 의원들을 쪼기도 하고 온천에 다녀오기도 했다. 그로부터 12년이 지난 1717년(숙종 43), 숙종은 마침내 대리청정을 선언한다. 세자가 왕을 대신해서 나라를 다스린다는 말이다. 조선에 대리청정은 자그마치 200년 전, 세종과 그 세자였던 문종 때 이후로 없었으므로 사람들에게는 낯설기만 한 제도였다. 그렇지 않아도 낯선 이 대리청정에는 큰 걸림돌이 있었으니 바로 숙종이었다. 한때는 그토록 사랑하던 세자를 이제 숙종은 너무너무 못마땅해했고, 그 정도가 심해 신하들이 노론 소론 상관없이 세자를 옹호하고 있었다.

숙종이 대리청정 및 세자의 이야기를 한 다음날, 신하들이 "어제 했던 이야기 중에 미안未安한 말씀이…"라며 말끝을 흐렸다는 기록이 있다. 편안하지 않다, 즉

불편한 말을 했다는 뜻인데, 『실록』에는 그 이야기의 내용이 쏙 빠져 있지만 숙종이 세자를 두고 엄청나게 욕을 했던 것으로 짐작된다. 그 다음 날 대화에서도 숙종은 세자에 대해 아무 말도 하지 않는 반면 신하들은 세자가 착하고 정치를 맡을 수 있으니 의심하지 말고 세자를 믿으라고 권하고 있다. 숙종이 잠자코 듣고 있을 성격이 아니었으므로 『숙종실록』이 숙종이 한 말(욕으로 추정되는)을 지워 버린 것이 아닐까 하는 의견도 있다. 아무튼 신하들의 끈질긴 옹호 앞에서도 숙종은 자신이 대리청정을 하지 않으려는 게 아니라 여의치 않은 부분이 있다고 말했다. 숙종은 정말로 세자가 미덥지 않았던 것 같다. 좀 더 정확하게 표현하자면 미워하는 것에 가까웠다.

숙종은 좌의정 이이명을 불러다가 단둘이 만나 의논을 하게 된다. 이것이 정유독대다. 조선왕조는 원래 사관을 두고 왕의 모든 일과 대화를 기록으로 남기게 되어 있는데, 숙종은 이런 사관들마저 따돌린 채 이이명과 단둘이 앉아 대화를 나누었다. 이 대화 뒤 숙종은 세자의 대리청정을 선언했다. 독대에서 어떤 이야기 했는지는 아무도 알지 못했지만 노론 쪽에서는 이이명이 숙종을 아주 잘 설득했거니 생각했고, 소론 쪽은 일단 세자에게 정치를 맡긴 뒤 실수를 저지르면 폐하려는 계획으로 봤다.

200년 만에 하는 것이다 보니 대리청정은 준비 단계부터 크고 작은 문제가 많았다. 왕과 세자의 업무를 어떻게 나눌 것이냐는 것에서부터 어떤 용어와 의전을 갖춰야 하느냐 등 여기저기 좌충우돌이 있었고 세자 특유의 소심한 성격이 더해져, 어렵게 결정한 대리청정은 막상 시작하자 좋은 것도 나쁜 것도 없었다. 신하들은 경종이 대답도 제대로 안 하고 소극적이라며 비판했지만 세자가 겪은 일을 생각하면 소심해지는 것도 당연하지 않겠는가. 일을 나눠서 하겠다는 처음의 야심찬 계획도 소용없이 세자의 업무를 숙종이 대신 해주는 일까지 벌어졌다.

하는 둥 마는 둥이 되어 버린 대리청정이었지만 다음 세대에 준 영향이 만만치 않았다. 조선 후기에 들어서 대리청정은 유행처럼 자주 벌어졌다. 경종이 몸이 아플 때면 연잉군(영조)을 대리청정 시키자는 목소리가 나왔고, 영조는 훗날 사도세자에게 대리청정을 시켰고, 그 다음으론 장성한 손자 정조가 대신 나라를 다스렸다. 순조의 아들 효명세자도 요절하기 전에 대리청정을 했다.

24
불쌍한 수험생

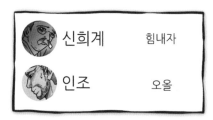		
신희계	힘내자
인조	오올

하나요 열공

중요한 시험까지,
앞으로 겨우 나흘.

[과거대비] 출제문제_예상_1타.mp4

- 족집게 김쌤 : 자자자 집중 룸앤미
빠이널 정리 들어갑니다잉

아, 액정 닦느라
고생했다ㅠㅠ

나는 신희계. 서른 살.
과거시험 공부 중이다.

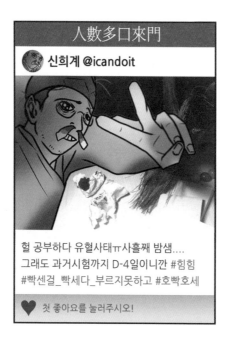

너무
무리하는 거 아니냐고?
아냐, 더 열심히 해야 돼.

왜냐하면, 난……
양반이 아니거든.

※서얼 : 첩의 자식. cf.홍길동

顔 안면장부

 ★과거시험 수험생 대나무숲★

양반남 / 한양 / 익명제보요ㅋ
솔까 대놓곤 말못하는데ㅋㅋ#서얼들
과거시험공부하는거 저만 재수없나요ㅋㅋ?

어쨉휘 #첩 #자식이라서 출세도못하는뎈ㅋㅋㅋ
니가 노력해서 뭐어쩔꺼야ㅋㅋㅋㅋㅋㅋㅋㅋㅋ
ㅋㅋㅋㅋㅋㅋ망해랏 #신분도_실력이야

👍 진골양반님, 판서댁뒤턴님, 24k수저님 외 16.3k

> 숙녀임당 : ?????????????
> @서희계 회계야♭ 이거 너 아냐???

> 서희계 : @숙녀임당 네 누나 저 맞네요.
> @대나무숲 관리자님 글내려주시죠.

> 서희계 : 저희 어머니가 좋아서 첩됐나요?
> 제가 원해서 서얼로 태어났겠어요?

> charm선비 : @서희계 그러게요 으휴 수준들

> 숙녀임당 : 서얼이라도 과거 장원급제하면
> 더 높이 출세할수 있고요???

(분노)

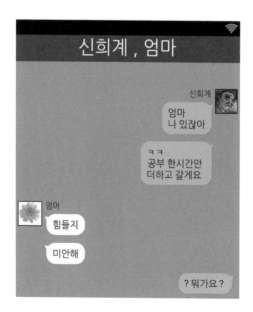

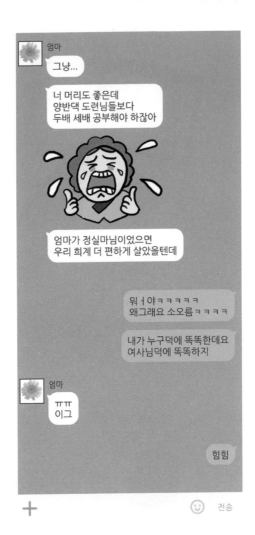

셋이요

해피엔딩

간절히 바라면
이루어진다던가?

그 수많은 조롱에도
나는 결국ㅠㅠ…!

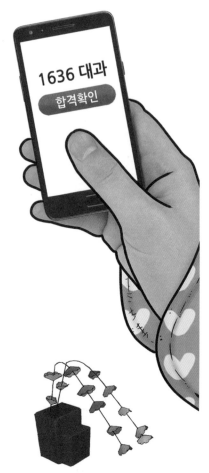

감축드리오! ((장원)급제)하셨소이다!

이름	석차	합불여부
신희계	1(등)	합격

엄마ㅠㅠ!

서얼 신희계, 장원급제하다.

다음 날 병자호란 터지다.

#수능만점_받았는데_전쟁

#신입공채_뚫었는데_전쟁

하지만 전쟁이 끝난 후,
당상관까지 올라 전설이 되다.

그리하였다고
한다.

끝.

정사 正史

실록에 기록된 것

- 서얼도 과거시험을 볼 수는 있었다. 다만 출세길이 막혀 있었다. 고위
  직에 오르기 힘들었고, 청요직에 들어갈 수 없었다.
- 신희계, 28세에 과거시험에 합격하다. 그러나 서른 살에 과거시험 한
  번 더 보다.
- 300년 만에 처음 서얼로서 장원하다.
- 그 다음날, 청나라 적병이 의주에까지 몰아닥쳤다는 급보가 올라와 인
  조, 피난가다.

기록에 없는 것 / 픽션

- 두루마리 휴지는 없었다.

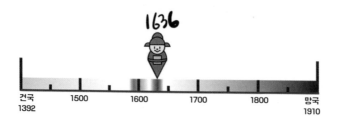

1636

건국	1500		1600	1700	1800	망국
1392						1910

신부   축하해주세요^^

 신랑   (알 수 없음)

하나요
대박소식

여기는 궁궐.

우리는
주상전하의 옷을 짓는
침방 궁녀들이다.

오늘도 평범하게 작업 중인데.

나인 진옥(23)

나인 조금(22)

부르르르

나인 춘금

사랑하는 여러분
강녕♥♥♥♥♥

바늘에 손가락들 찔리며
열심히 일하고들 있나요

나인 조금

이율 춘금

나인 춘금

저 알려드릴게 있어요
두구두구두구

먼데ㅋㅋㅋ
두구두구두구두구

나인 춘금

나 결혼합니닭ㅋㅋㅋㅋㅋ

춘그미님의 모바일 청첩장

부부앨범보기 : alkong_dalkong.co.jr

장소 : 한양웨딩홀 1F 알뜰감축홀

주마장소가 협소하므로 하객여러분께서는
가급적 걸어서 오셨으면 하오!

???

둘이요 신랑없는 결혼식

궁녀가 어떻게
결혼을 할 수 있냐고?
왕의 여자 아니냐고?

우리는 딱 한 번
신랑이 없는 결혼식을 한다.

.

人數多口來門

춘그미 @spring_24k

7살에 입궁...15년만에 드디어 웨딩ㅋㅋㅋ
이제 나도 진정한 궁궐사람이다ㅠㅠㅠㅠ

♥ 나인들, 상궁마마님들 외 139

궁인으로 거듭나는
통과의례인데,

진짜 결혼식처럼
옷도 입고, 잔치도 한다.

주상전하와 마음으로
결혼하는 것이다.

♥실과 바늘처럼~침방궁녀 동기방♥

나인 조금
너 그래서 급휴가낸거였나ㅋㅋ

나인 춘금
ㅇㅇ미안해ㅋㅋㅋㅋㅋ

청첩장 한명씩 만나서
얼굴보고 주는게 맞는데;

ㅋㅋㅋㅋㅋㅋㅋㅋ캬

야무지게 할건 다했어

나인 춘금

ㅋㅋㅋㅋㅋㅋㅋㅋㅋ

셋이요 단 하나의 솔루션

나인 조금

야ㅋㅋㅋ근데 아

나 딴사진들은 진짜 웃으면서 봤거든??

이 사진 보니깐

씨 왜 주책맞게
눈물이 나냐ㅋㅋ큐ㅠ

나인 춘금
아 왜ㅋㅋㅋㅋㅋ

웃기만 해주라
기쁜 날인데

기쁘긴 야씩ㅋㅋㅋ

승은입지 않는 한 이제
레알남친 못사귀는거잖아 평생

나인 춘금
ㅋㅋㅋ어차피 난 흙수저니까
승은입어도 후궁은 되기 힘들어

진지빨자면 지금처럼 일하는거
너무너무 좋구ㅇㅇ진심

ㅠㅠ에휴....
난 모르겠다

연애를 안하는거랑
못하는건 영 다른건데.......

나인 춘금
어쩜 너 우리 엄마랑
반응이 똑같냙ㅋㅋㅋ

그럼 있지 친구야
방법이 딱 하나 있거든?

내가 진짜 결혼하는 방법

"궁녀와 결혼하면
원래 사형이잖아?"

"근데 신랑이 양반이면
곤장을 100대만 때린다는 거야."

"버티는 분을 찾아줘♥"

#비브라늄_엉덩이남_상시모집

그리하였다고 한다.

끝.

- 궁녀들, 7~8세 어린 나이에 입궁하다. 웃전 궁인들이 딸처럼 거두어 키우다. 업무에 필요한 글공부 및 각종 교양 수업을 하다.
- 입궁하여 15년이 지나면 관례를 치르다. 신랑이 없는 결혼식.
- 궁인이 임금과 하룻밤을 보내 승은을 입는다 해도 모두가 후궁이 될 수 있는 것은 아니었다. 아이를 낳으면 장차 왕의 어머니가 될 수도 있기 때문. 좋은 가문 출신이거나 왕실 어르신의 추천이 있어야 비로소 첩지를 받을 수 있었다. 장희빈이 나인에서 후궁으로 고속 승진한 것도, 숙종의 총애+자의대비의 추천+재벌집 아가씨였기 때문. 그러지 못하면 그저 특별 상궁이 되거나 그마저도 여의치 않은 외로운 삶을 살아야 했다.
- 나인이 15년을 근무하면 정5품 상궁이 됐다. 더 오래 근무하면 상궁의 갑인 제조상궁이 됐는데, 월급이 정2품 관료(장차관)급이었다.

기록에 없는 것 픽션

- 혼인식은 웨딩홀이 아닌 자기 집에서 했다고.

조선전반!

철밥통일까 뒤웅박일까

궁녀를 현대의 직업에 비교할 때 가장 적당한 것은 역시 '전문직 여성 공무원' 정도일까. 궁녀들은 아주 어린 나이에 궁으로 들어와 애기나인(생각시)으로 지내게 된다. 이때 천자문이나 한글, 붓글씨 같은 기본 소양 교육을 받으며 저마다 맡은 전문 분야에 따라 임금이 입을 옷을 만들기도 하고, 빨래, 설거지를 하거나 의술을 배우기도 하고, 높은 분들의 비서로 잔심부름을 도맡으며 말벗이 되어주기도 했다. 이렇게 들으면 궁녀는 꽤 근사한 직업 같다. 여성이 직업과 지위를 가지기 어려웠던 조선시대에는 더욱 그랬을 것 같다. 궁녀가 되고 싶어 하는 소녀도 제법 있지 않았을까?

그러나 현실은 달랐다. 요즘도 어느 정도 나이가 든 성인 여성이 결혼을 하지 않으면 주변에서 자꾸만 흠을 잡고는 한다. 하물며 조선시대는 어땠겠는가? 그래서 갑자기 나라 안에 가뭄이 들거나 하면 "이게 다 결혼하지 못한 여인들의 원한 때문이다!"라고 하며 궁녀들을 궁 밖으로 내보내 명예퇴직 같은 것을 시키기도 했다. 그러나 그렇게 밖으로 나간 궁녀들이 저마다 짝을 찾아서 결혼했냐 하면 그렇지는 않았다. 한 번 궁녀는 죽을 때까지 궁녀였으니 말이다. 같은 궁에 매인 처지라고 해도 결혼도 하고 양자도 들일 수 있었던 내시는 오히려 궁녀보다 처우가 낫다고 할 수 있었다.

그래서 조선의 궁녀들은 대부분 공노비의 자식, 즉 천민이거나 먹고 살기 힘든 가난한 집의 딸들이었다. 시간이 흐르면서 양인이나 중인의 딸들도 궁녀가 되었고 대대로 궁녀를 배출하는 집안도 생기긴 했지만. 앞서 말했듯이 조선시대에 결혼하지 못하고 사는 여성들의 처지는 그리 좋지 않았다. 그래도 좋은 점은 나라로부터 꼬박꼬박 급료를 받는 철밥통이었다는 것, 특별한 일이 없다면 이 돈을 모아 집도 사고 재산도 마련할 수 있었다는 것이다.

궁녀들은 궁궐의 높으신 분들의 시중을 들다가 정치 싸움에 휘말리기도 했다.

그도 그럴 것이 상대방을 털려면 가장 만만한 것이 궁녀들이었으니까. 그래서 인목왕후나 민회빈 강씨, 희빈 장씨를 모시던 궁녀들은 무척 불행했다. 광해군은 인목왕후를 모시던 궁녀들을 고문해 자신에게 유리한 진술을 끌어냈다. 이런 처참한 사정을 엿볼 수 있는 기록이 『계축일기』다. 광해군에게 미움받고 서궁에 유폐되어 오랜 시간을 보내야 했던 인목왕후 본인이, 혹은 그녀를 곁에서 도왔던 궁녀들이 쓴 것으로 추정되는 이 책에서 보이는 궁녀들의 일생이란 궁중생활의 우아함이나 품위와는 거리가 먼 전형적인 공무원의 생활이다.

광해군이 인목왕후와 영창대군을 궁지로 몰아넣으면서 그들을 모시던 궁녀들의 고생문도 전격 오픈되었다. 몇몇 이들은 인목왕후의 죄를 실토하라며 끌려가 고문을 당하다 죽었고, 반대로 광해군 쪽의 궁녀들은 인목왕후의 침실까지 들어가 "빨리 대군을 내놓으라"고 행패를 부리며 대비와 아이들이 울음을 터뜨려도 비아냥대기를 멈추지 않았다. 그런 와중에도 인목왕후의 궁녀들은 왕후의 자살 시도를 막으면서 "살아야 억울함을 풀 수 있다"라며 설득했다.

상궁 난이는 인품이 좋지 못해 승진이 늦어진 것에 원한을 품고 있었는데, 이 때문에 영창대군에게 붙어 출세해 보려다가 나중엔 광해군에게 붙었다. 그래서 인목왕후와 영창대군의 보물들을 훔쳐 빼돌리며 인목왕후에게 꼴좋게 되었다고 비아냥대고, 인목왕후를 감싸다가 죽어간 다른 상궁들을 흉보는 것도 서슴지 않았다. 다른 나인들이 어쩌면 그럴 수 있냐고 말리자 "너희는 나랏님 은혜를 입어서 원망 않겠지만 나는 쥐꼬리만큼도 얻은 게 없다!"라고 외쳤다 한다. 광해군의 궁녀들은 인목왕후와 정명공주에게 불을 질러 죽이려 할 정도였으며, 반면 인목왕후의 궁녀들은 광해군이 서궁에 들어가는 음식과 옷을 모두 끊어 버리자 스스로 나막신을 만들고, 새가 물어온 씨를 심어 콩, 수수 같은 곡식과 나물을 재배해 먹고, 목화를 심어 옷에 넣을 솜을 재배하는 등 극한의 서바이벌 생활을 맞닥뜨렸다. 이렇게 지독한 고생길의 끝에는 인조반정이 기다리고 있었다.

반정이 일어나자마자 광해군 시절 정치적 수완이 뛰어나 권력을 누린 것으로 유명한 상궁 김개시를 비롯해 광해의 궁인들은 대거 처형당했다. 그 이유는 광해군이 나쁜 짓을 하도록 권하고 대비에게 누명을 뒤집어씌웠다는 것이다. 궁인들이 나쁜 짓을 했다 해도 광해군의 권력을 등에 업은 것이었지, 궁인들이 광해군에게 입김을 불어 나쁜 짓을 하게 하기야 했을까. 이거야말로 뒤집어씌우기라는 생각이 들지만 어찌되었건 처참했던 궁인들끼리의 대립도 끝나게 되었다.

26
경종이 고자라니

경종 아빠될래ㅠ

선의왕후 엄마될래ㅜ

아바마마께서……
돌아가셨다…….

오늘부터……
내가 새로운…… 왕.

[속보]숙종전하 간밤에 훙薨

[사진] 아바마마 뒤를 이은 세자 이윤(33)

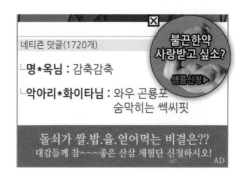

네티즌 덧글(1720개)

└명*옥님 : 감축감축

└악아리*화이타님 : 와우 곤룡포
숨막히는 쎅씨핏

불끈한약
사랑받고 싶소?
샘플신청▶

돌쇠가 쌀.밥.을.얻어먹는 비결은??
대감들께 참~~~좋은 산삼 체험단 신청하시오! AD

비단 곤룡포도……
조선 최고의 의사도……

이제 내 건데……ㅠㅠ

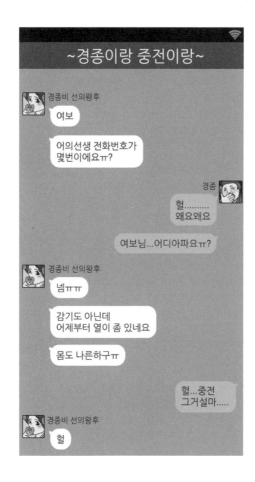

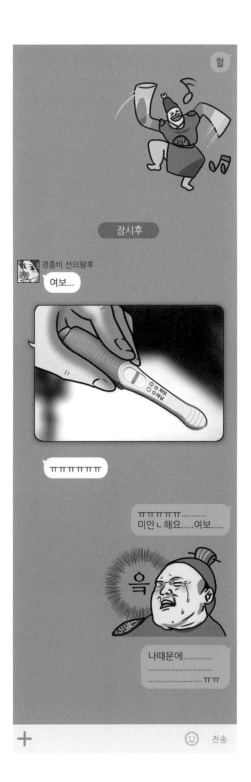

응······.
애기 소식이······ 없어······.
서른···넘었는데······.

아······ㅠㅠㅠ

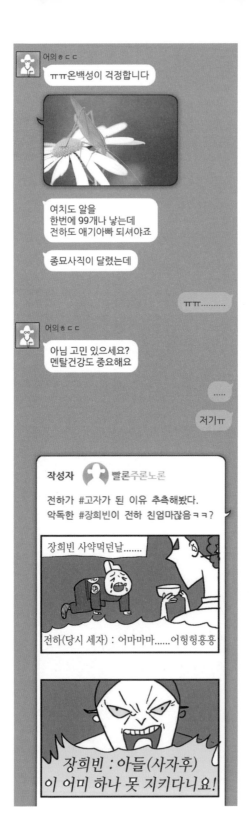

어의ㅎㄷㄷ
ㅠㅠ온백성이 걱정합니다

여치도 알을
한번에 99개나 낳는데
전하도 애기아빠 되셔야죠

종묘사직이 달렸는데

ㅠㅠ.........

어의ㅎㄷㄷ
아님 고민 있으세요?
멘탈건강도 중요해요

.....

저기ㅠ

작성자 빨론주론노론

전하가 #고자가 된 이유 추측해봤다.
악독한 #장희빈이 전하 친엄마잖음ㅋㅋ?

장희빈 사약먹던날.......

전하(당시 세자) : 어마마마......어헝헝흥흥

장희빈 : 아들(사자후)
이 어미 하나 못 지키다니요!

○ ○…….
징징거려서 뭐해…….

내가 알아서……
잘해야지……ㅠㅠㅠ

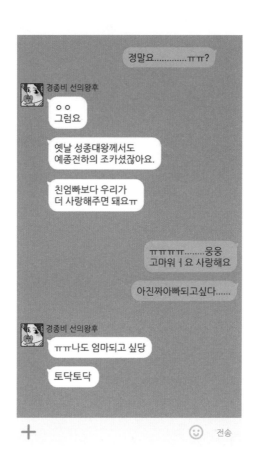

정말요.............ㅠㅠ?

경종비 선의왕후

ㅇㅇ
그럼요

옛날 성종대왕께서도
예종전하의 조카셨잖아요.

친엄빠보다 우리가
더 사랑해주면 돼요ㅠ

ㅠㅠㅠㅠ........웅웅
고마워ㅓ요 사랑해요

아진짜아빠되고싶다......

경종비 선의왕후

ㅠㅠ나도 엄마되고 싶당

토닥토닥

＋   ☺ 전송

그
리
하
였
다
고   끝.
한
다.

- 장희빈, 인현왕후를 독살한 혐의를 쓰고 숙종으로부터 사약 받다. 그녀의 아들 세자 이윤(경종), 새어머니인 인현왕후의 빈소를 지키느라 장희빈의 마지막을 배웅하지 못하다.
- 숙종, 오래 병을 앓다. 세자에게 대리청정을 명하다.
- 세자 서른 되던 해, 세 살에 결혼했던 첫 번째 세자빈이 갑자기 죽다. 열네 살 소녀(선의왕후)를 새 세자빈으로 맞다.
- 숙종과 어의, 세자가 서른이 넘어서도 자식이 없음을 걱정하다. "좋은 약도 많다. 부끄러워 마시고 몸 상태 말씀하시라" 하나 세자, "난 괜찮다"며 의욕 보이지 않다.
- 숙종, 크게 구토하며 죽다. 경종 즉위하다. 노론, 세자의 동생 연잉군(훗날의 영조)을 세제로 삼도록 강요하다.
- 선의왕후, 그것을 반대하여 소현세자의 증손자를 양자로 들이려고 시도하다. 그러나 실패하다.

- 차이코프스키 〈호두까기인형〉은 170년쯤 뒤에 발표됐다.

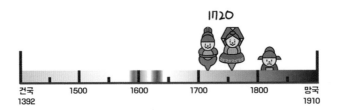

1720

건국   1500   1600   1700   1800   망국
1392   1910

비극의 세자 자리

경종은 조선왕조의 많은 임금들 중에서 거의 유일하게 '고자'인 증을 받은 임금이다. 그는 즉위하기 전부터 자식을 가지기 어렵겠다는 우려와 의심을 받아왔다. 신기한 일이다. 다른 것도 아닌 성性 문제이기에 유교의 나라 조선에서는 대놓고 이야기하기 어려운 문제였으니 말이다.

1708년(숙종 34), 숙종은 정승들을 만나 신세 한탄을 했다. 신하들이 "아직도 세자(훗날의 경종)에게 자식이 없으니 보약이라도 먹여보면 어떻겠습니까?"라고 권하자 이제까지 혼자 안고 있던 고민을 털어놓은 것이다. 그는 임금과 신하 사이에 무슨 비밀이 있겠냐며, "남들은 결혼해서 아내와도 잘 지내고 아이도 가지는데, 그렇게까진 아니더라도……. 약을 먹인다고 뭐가 달라지겠냐"고 하소연했다. 아직 젊으니 몸이 아주 건강하지 않더라도 천천히 아이를 가지면 된다고 생각할 법도 한데 이 정도로 대놓고 걱정하는 이야기가 나왔다면 그만큼 문제가 심각했던 것 같다.

과연 무엇이 문제였을까? 『단암만록』에서는 경종의 상태를 이렇게 설명했다. "아래의 기(?)가 쇠약하고 남녀의 일을 몰라 서른 살이 되어도 여색을 가까이하지 않았다." 때로 세자가 궁녀들과 함께 놀기도 했지만 성적인 의미는 전혀 없는, 아이 같은 놀이만 했다고 했다. 이제까지 남아 있는 기록을 정리해보면 경종은 언어장애, 주의력결핍, 분노발작, 성기능 장애, 요실금, 경미한 지적장애를 비롯한 정신질환을 앓고 있었던 것으로 추측된다. 결국 경종은 단의왕후 심씨와 선의왕후 어씨라는 두 왕비를 두었지만 누구와도 자식을 얻지 못했다.

왕가로서는 심각한 문제였다. 숙종은 2대 독자였고, 조선 왕족들에게는 남자 후손이 몹시 드물어졌다. 할아버지 현종은 명성왕후와의 사이에서만 자식을 보기는 했으나 승은을 내린 궁녀가 있었고, 숙종은 정식 비빈이 열 명이나 있었는데도 후계자 얻기가 힘들었다. 평범한 집의 아들로 태어났다면 상관없었을지도 모르지만 문제는 그가 남자 후계자를 낳아 대를 반드시 이어야만 하는 왕국의 후계자였다는 데 있었다. 그래도 신하들은 열심히 숙종을 달랬으니 "임금이 화내서 소리 지르지 말고 잘 타이르면 세자가 고칠 것"이라고 했다. 여기에 대한 숙종의 대답은 이렇게 남아 있다.

"몇 번이나 잔소리했지만 끝내 마음을 돌리지 못했으니, 대를 잇는 일이 점점 늦어질 것 같아 정말 민망하다."

이미 숙종은 이 문제로 세자와 몇 번씩 충돌했던 것 같다. 원래 숙종은 온갖 어려움 끝에 얻은 세자를 매우 사랑했고, 그래서 세 살짜리 아기일 때 세자로 책봉했으며 그를 낳은 장희빈을 왕비로 올리기까지 했다. 심지어 장희빈을 죽일 때의 명분조차 '세자를 지키기 위해서'였다. 하지만 시간이 흐르면서 이마저도 변해 버려 세자가 마음에 안 들 때면 "장희빈이 낳은 자식이라 그렇다"라는 폭언까지 퍼부었다. 그리고 이복동생 연잉군과 연령군이 대신 숙종의 극진한 사랑을 받았다.

경종의 입장에서 보자면 친어머니는 아버지의 손에 죽고, 아버지에게 욕설을 들으며 폐세자 및 생명의 위협 속에서 살아가야 했다. 경종은 내내 여기저기가 아팠고 성격은 극도로 조심스러워졌다. 결국 경종이 즉위한 뒤 선의왕후는 양자를 들이려다가 실패하고 노론의 압박에 못 이겨 동생인 연잉군을 후계자로 삼게 된다. 이런 압박은 경종이 후손을 가질 수 없다는 것을 기본 명제로 깔고 있었으니 왕가의 대를 이어야 할 사람으로서 이만한 굴욕은 없었다.

경종에게는 어떤 뚜렷한 문제가 있었기에 숙종을 비롯한 신하들 대부분이 경종이 후손을 가질 수 없다는 데 동의했을까. 정신적인 이유였을까, 신체적인 이유였을까. 구체적인 기록이 남아 있지는 않기에 오늘날에는 이런저런 추측만 가능할 뿐이다. 보통 사람이었다면 결혼을 하건 말건 자기 마음대로 살 수 있었을 것이고, 처음부터 아버지에게 어머니가 죽임당하는 비극도 겪지 않았겠지만 그는 하필 왕의 큰아들로 태어났으니, 어떤 이에게는 부러움을 살 만한 위치도 그에게는 고통과 비극이었을 뿐이었다.

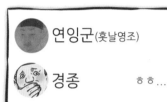

연잉군(훗날영조)

경종 ㅎㅎ...

하나요 후욱후욱

팔십 일,

팔십 이이이,

따악 하나만 더
팔십 사ㅏ ㅏ ㅁ……!

숙빈최씨
아들
집에 없네?

밖이니?

연잉군
ㄴ네ㅣ

죄송해요
네 어머니

운동나왔어요

숙빈최씨
세상에
안추워?

무슨 운동을 맨날 하니
너 그러다 알통맨 되겠다

ㅎㅎ
이래야 몸이 가벼워서요

한세트만 더하고
들어갈게요

숙빈최씨
오냐~

아니다.
두 세트 더 하고 갈게요.

저,
강해져야 살아요.

둘이요 철천지 원수

난
왕자 #연잉군.

돌아가신 19대 임금
#숙종대왕의 아들이자,

새로운 임금
#경종전하의 동생이다.

?

형아가 알아서
#경호원 붙여줄 텐데
운동 왜 하냐고?

ㅋㅋ
형님전하 아마
나 안 좋아하실 거야.

내가 누구 #아들인데.

[청문회] 장희빈 저격수 숙빈 최씨(ID:연잉맘)

(숙종 : 끌고가)

세자 : 어머니!

#장희빈 #사약엔딩

그래.
우리 엄마가
형네 #엄마를 죽인 셈이다.

그러니 내가 예쁘겠어?
(한숨)

짜져서 살아야지.
조용히.
절대 형 눈에 띄어선 안 돼……

새메시지
형님마마

"연잉"

"지금 당장 후원으로
튀어올 것"

형제_후원에서_단둘이.16941776.mov

형제_후원에서_단둘이.16941776.mov

형제_후원에서_단둘이.16941776.mov

경종 : (부스럭)
연잉군 : (깜짝)

형제_후원에서_단둘이.16941776.mov

형제_후원에서_단둘이.16941776.mov

경종: 올 귀요미ㅋ

그리하였다고 한다.

끝.

정사 正史

실록에 기록된 것

- 연잉군, 숙종의 둘째 아들로 태어나다. 매우 큰 사랑 받으며 자라다.
- 장희빈의 오빠 장희재, 연잉군을 낳은 숙빈 최씨가 숙종의 총애를 받자 숙빈 독살을 기도하다 잡히다.
- 숙빈 최씨, 장희빈이 인현왕후를 저주했다며 최초로 고발하다.
- 장희빈을 비롯한 장씨 가족 및 남인 몰락당하다. 세자, 어머니 장희빈을 살려 달라고 애원하나 결국 희빈 자결을 명받다.
- 경종, 왕이 되다.
- 경종, 동생 연잉군을 "삭엽(數葉)으로 희롱하다". 낙엽을 갖고 놀이를 한다는 뜻으로, 형제가 "장차 너에게 큰 벼슬을 주마" 하며 노는 것을 말한다.

픽션

기록에 없는 것

- 헬스장은 없었다.

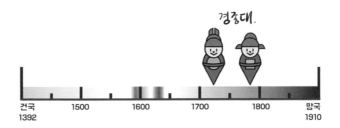

경종대.

건국 1392 | 1500 | 1600 | 1700 | 1800 | 망국 1910

숙종의 사랑은 움직인다

아들을 몹시도 바랐던 숙종에게, 1688년 경종의 탄생은 크나큰 기쁨이었다. 얼마나 기뻤으면 태어난 지 두 달 된 아기를 원자로 봉하고, 세 살에는 세자로 책봉했다. 그를 낳은 장씨가 희빈을 거쳐 왕비로 초고속 출세를 한 것은 숙종이 태어난 아들을 그만큼 반가워했기 때문이다. 하지만 그것도 변함없지는 않았다. 우선 경종을 낳아준 장희빈이 왕비 자리에서 쫓겨나 다시 후궁이 되고, 그것도 모자라 죽임까지 당했다. 당시 경종의 나이는 14세. 알 것은 다 알 나이였고, 막 질풍노도의 사춘기로 접어드는 민감한 시기였다. 숙종은 장희빈을 죽이며 "세자에게 나쁜 영향을 줄 것"이라는 이유를 들었다. 말만 들으면 경종을 아끼는 마음이 지나친 나머지 그 엄마를 죽이기까지 한 것 같다. 그래서 숙종은 그렇게 아끼던 경종을 평생 사랑했을까?

아내를 몇 번씩 갈아치운 숙종이 총애하는 아들을 갈아치우는 것은 나름 자연스러운 행보(?)였다. 숙종에게 아들이 세 명뿐이었다는 것이 불행 중 다행일까. 첫째는 경종으로, 서자였지만 당장 세자로 책봉되었다. 둘째는 연잉군. 인현왕후가 복위되던 1694년(숙종 20)에 태어났으며 형과는 여섯 살 차이였다. 셋째는 연령군. 1699년 명빈 박씨에게서 태어났으며 연잉군보다 다섯 살 아래였다. 비록 이복이라곤 하나 모두 왕의 자식이고, 그래서 친하게 지냈을 것도 같지만 각자의 어머니가 철천지 원수였다는 게 문제였다. 연잉군의 어머니는 숙빈 최씨였다. 최씨는 장희빈을 무너뜨리고 인현왕후를 복위시키는 데 한몫을 했고, 여기에 더해 장희빈을 죽이는 데도 큰 공헌을 한 인물이었다. 그런데 어떻게 세자와 연잉군이 사이좋게 지낼 수 있겠는가.

장희빈을 향한 사랑이 최숙빈에게 옮겨간 것처럼, 숙종은 세자보다도 연잉군을 예뻐하기 시작했다. 세자가 아닌 왕자의 관례는 대충하는 게 보통이었건만 숙종은 일부러 전례를 뒤져가면서 화려뻑적지근하게 관례를 치러주었고, 다 자란 왕자는 결혼해서 궁궐 밖으로 나가 살아야 하는 게 원칙인데도 몇 년이나 집을 사느

니 마느니 하는 문제로 시간을 질질 끌다가 늦게
서야 밖으로 내보냈다. 게다가 연잉군은 자식, 그
것도 무려 아들을 두었다. 비록 정실부인에게서
는 아니었지만 첩에게서 아들을 얻었으니 이 아
들이 훗날의 효장세자이며 숙종이 살아생전 볼
수 있었던 유일한 손자였다.

　하지만 막내인 연령군이 자라자 총애는 '또' 옮겨갔다. 원래 연령군의 어머니 명
빈 박씨는 상궁이었는데, 승은을 입은 지 10년쯤에 아이를 가지면서 후궁으로 봉해
진 케이스였다. 명빈 박씨는 연령군이 다섯 살 때 세상을 떠났고, 아직 어린 연령군
은 어머니가 죽었다는 것을 이해하지 못하고 어머니를 찾아 지켜보던 숙종이 눈물
을 흘리기도 했다. 어머니도 없는 데다가 숙종의 나이 38세에 얻은 막내아들이다
보니 숙종은 세자보다도 연잉군보다도 더더 연령군을 예뻐했고, 아홉 살에 결혼을
시키며 왕세자와 같은 급의 식을 치러주는가 하면(연잉군은 왕자 등급으로 결혼했
다), 연령군을 오래 기다리게 했던 관리를 그 자리에서 파직시키기도 하고, 연잉군
에게는 사지 못하게 했던 고급 저택을 사다가 연령군에게 홀랑 안겨줬다.

　그러면서 세자는 착실하게 찬밥 신세가 되어갔다. 그저 무심해지는 정도가 아니
라 몇 년 사이 숙종은 세자를 싫어하게 되었고, 신하들 앞에서 세자의 험담을 하기
도 했다. 세자에게 "넌 장희빈의 자식이라 그 모양이다"라는 폭언도 일삼았다.

　상황이 이렇게 되었으니 사람들은 숙종이 세자를 폐하고 연잉군, 혹은 연령군
을 세자로 삼으려 한다고 여기게 되었다. 숙종의 과거를 생각하면 아주 근거 없
는 생각은 아니었다. 한때 사랑했던 여자를 왕비로 만들어줬다가 죽였던 사람이
니 아들을 세자 자리에 올렸다가 내쫓을 수도 있는 것 아니겠는가. 1717년에 있
었던 정유독대에서 숙종은 좌의정 이이명에게 세자가 아닌 연잉군과 연령군을
부탁했다고 한다. 이들이 잘 자라난다면, 진짜 세자를 갈아치우기라도 할 것처
럼 말이다.

　하지만 1719년(숙종 45) 연령군이 21세의 나이에 갑자기 세상을 떠나고 만다. 숙
종은 사랑하던 막내아들의 죽음에 크게 상심한 나머지 아픈 몸을 이끌고, 신하의
반대를 뚫고 직접 연령군의 집에까지 찾아가 아들의 장례식에 참석했으며 보이지
않는 눈으로 애써 제문을 지었다. 숙종은 아들의 죽음에 계속 슬퍼하다가 1년 만
에 세상을 떠나게 된다. 이제 남은 아들은 세자와 연잉군뿐이었다. 조선
왕조
실록

334
⌄
335

고생고생한 끝에
취업에 성공한 김막내씨.

일은 즐겁지만,
점심시간이 두렵다는데.

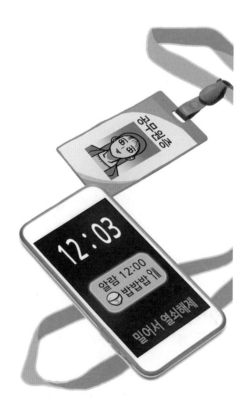

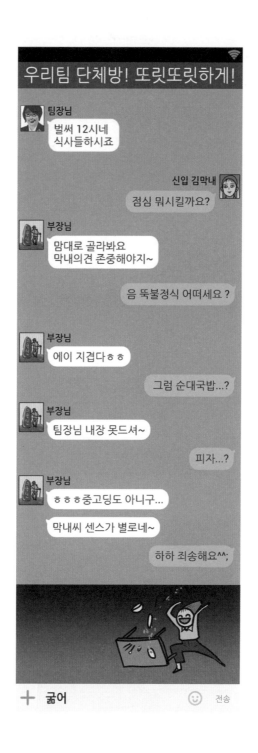

그런데
조선시대 공무원인
관료들은,

'점심에 뭐 먹을지'
걱정을 1도 할 필요가
없었다는데?

관료들   꼬르륵

바쁘다.
너무 바쁘다.

그래서 시간이 벌써
이렇게 된 줄도 몰랐네.

?!

둘이요 꼬르륵

신난다ㅋㅋㅋ
한동안 점심밥을
아예 못 먹고 일했다.

흉년이니까 굶으라더라고.

["함께 굶어요"캠페인]

타는듯한 가뭄! 계속되는 흉년!
백성들이 굶주리고 있습니다.

우리 공무원들도 점심을 굶어
배고픔을 나눕시다!

백성도 돕고! 나라살림도 튼튼!
한끼정도 굶는다고 안 죽어요^^!

근데 너무 힘들어서,
종종 꼼수를 쓰기도 했는데.

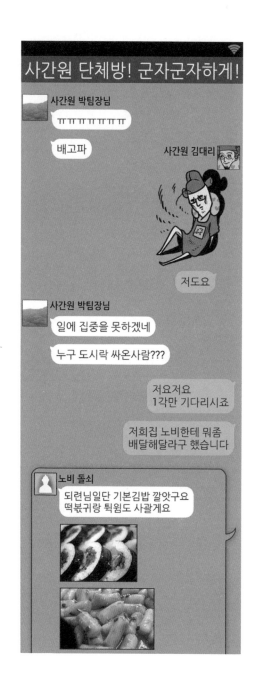

어묵국물도 쏴달라고햇어요

돌쇠 년 맞춤법은 몰라도
참 배운녀석이야ㅜㅜㅜ

이제 성균관 지난대요ㅜㅜ
다같이 나눠드시죠ㅋㅋㅋ

사간원 박팀장님
헐 존경해
공자님 주자님
허류ㅠㅠㅠㅠㅠ

빨리빨리

억

노비 돌쇠
되련님ㅈㅅ.......

교복입은에들한태 음식
삥뜻겻어요ㅠㅠㅠㅠㅠ

무서어서 집갈레요 강녕ㅠ

사간원 박팀장님
,,,,,,,,,,,,,,????????

+   ☺   전송

[분노] 배고픈_성균관_하이에나들.mp4
- 성균관 유생 : 3초 안에 사서삼경 외우면 비켜준다.
못하면 그 검은 봉다리 우리꺼.
- 돌쇠 : 왜이러세요ㅠㅠㅠㅠ
- 성균관 유생 : 아 맛만 본다고.

성균관 급식도 반만 줬다.

하지만 그냥
죽으란 법 있던가?

우린 살았다ㅠㅠㅠㅠㅠ!

오후시

주상전하 now
ㄴ데

주상전하 now
오늘 점심수라 같이 먹읍시다

주상전하 now
업무미팅도 할경ㅇㅇ

밀어서 여시구랴

주상전하, 사간원 김대리, 사간원 박팀장

주상전하(영조)
많이 시장하지?
메뉴 뭘로 할까?

먹고픈거 뭐든지 고해요
수라간에서 대령할테니까ㅎㅎ

사간원 김대리
전하께서 먼저 고르시죠

어찌 감히 저희가 먼저...

주상전하(영조)
ㅎㅎ사람들 참

그럼 난 물에만 밥

주상전하(영조)
자네들은?

???

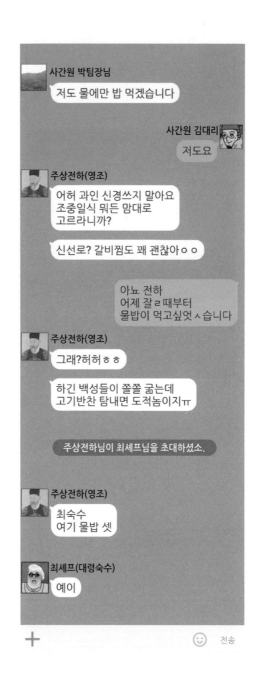

사간원 박팀장님
저도 물에만 밥 먹겠습니다

사간원 김대리
저도요

주상전하(영조)
어허 과인 신경쓰지 말아요
조중일식 뭐든 맘대로
고르라니까?

신선로? 갈비찜도 꽤 괜찮아ㅇㅇ

아뇨 전하
어제 잘ㄹ때부터
물밥이 먹고싶엇ㅅ습니다

주상전하(영조)
그래?허허ㅎㅎ

하긴 백성들이 쫄쫄 굶는데
고기반찬 탐내면 도적놈이지ㅠ

주상전하님이 최세프님을 초대하셨소.

주상전하(영조)
최숙수
여기 물밥 셋

최세프(대령숙수)
예이

＋   😊 전송

안면장부

영조 @tangpyeongman 공식

참 좋은 사람들과 함께~^^
이렇게 훌륭한 신하들이 있어 과인은
안먹어도 배가 부르다~^^ #호화판_식사

👍 박팀장, 김대리님 외 173.4k

사간원 김대리 : 물에서 고기맛이 났사옵니다^^

조선의 왕들,
흉년이면 몸소 점심을 굶거나
물에 밥을 말아먹다.

신하들,
"성군이시다" 칭송하다.

이그 불쌍   끝.

정사 正史

- 조선 사람들, 아침과 저녁을 많이 먹고 점심은 간식 정도로 가볍게 먹다.
- 조선 왕들, 흉년이 들거나 나라의 살림이 어려워지면 관료들의 점심부터 깎다.
- 태종, 흉년이 들자 점심을 아예 없애다. 성종은 관료들의 점심은 물론, 자신과 중전의 점심마저 물밥으로 대체하다.
- 영조, "백성들은 열심히 일해서 먹을 것을 번다. 그러니 나는 점심을 먹지 않아도 된다. 굶주리는 백성들이 불쌍하다"며 점심을 아예 차리지 말라 명하다.
- 관료들, 점심을 못 먹자 배가 고파서 출근을 늦게 하고 퇴근을 엄청 일찍하다.

픽션

- 힐링용 잔디인형은 없었다.

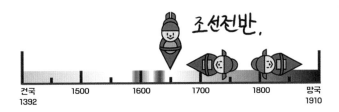

조선전반,

건국 1392　1500　1600　1700　1800　망국 1910

음식이 아닙니다.
약입니다.

우유가 사람들의 일상 식품으로 자리잡은 것은 구한말 기계 설비를 갖춘 공장이 들어선 이후였다. 그렇다고 인류가 우유를 먹은 역사가 짧은 것은 아니다. 특히나 유목민들은 염소젖, 낙타젖, 말젖 할 것 없이 온갖 종류의 젖을 짜 그냥 마시기도 하고 치즈도 만들고 술도 만들고 갖은 요리에 넣어 먹었다. 하지만 농경사회인 조선은 소 외에는 젖을 얻을 동물이 많지 않았고, 이런 소도 일하는 소였지 젖소는 아니었기에 짤 수 있는 젖의 양이 많지도 않았다. 소의 젖이란 기본적으로 송아지를 먹이기 위해 나오는 것이었기에 사람이 먹겠다고 너무 많이 짜내면 송아지가 죽을 수도 있었으니까.

이런 애로사항이 있었음에도 사람들은 우유를 계속 마셨으니 가장 큰 이유는 역시 맛있어서였을 것이다. 임금이 병이 났을 때면 타락, 즉 우유를 약으로 권한 기록도 가끔 있다. 조선 사람들은 우유로 죽을 많이 끓여 먹었는데 이를 타락죽이라 했다. 부드럽고 맛있어서 특히 노인의 보양식으로 쓰였다. 19세기의 빙허각 이씨가 쓴 책 『규합총서』에는 이런 타락죽의 요리 방법이 실려 있다. 먼저 쌀을 잘 씻어 불린 뒤 곱게 갈고, 잣죽 정도의 되기로 쑤다가 반쯤 익으면 생우유 한 사발을 섞어 익힌다고 했다.

"이것이 내국의 타락법이다."

이 요리법에는 이런 설명이 추가되어 있다. 내국이란 임금의 건강을 관리하는 내의원을 말하니 이 요리법은 임금이 먹는 우유죽을 만드는 법이란 뜻이다. 옛날 조선에서 우유는 무척 귀했으므로 음식이기 이전에 약이었기에 수라간이 아니라 의원에서 관리했다. 영조 때만 해도 젖 짜는 소가 열여덟 마리 정도였다. 그런데도 고작 다섯 사람이 먹을까 말까한 우유만 나왔다니 지금에 비하면 굉장히 열악한 상황이었다.

귀하디귀한 우유는 당연히 소중하게 다루어졌다. 영조 때의 화가 조영석은 우유를 짜는 모습을 그린 「채유」라는 그림을 남겼는데, 소젖을 짜는 데 무려 다섯 사람이 동원되고 있다. 한 사람은 젖을 짜고 또 한 사람은 젖을 담을 그릇을 받치고 있다. 또 하나는 소의 머리를, 또 한 사람은 소의 다리를 잡고 있으며 마지막 사람은 송아지를 잡고 있다. 소젖을 짜는 데 왜 송아지가 함께 있을까? 어미 소가 송아지를 직접 봐야 젖이 돈다는 이유에서였다. 그 당시 젖 짜는 작업은 새끼를 눈앞에 두고도 먹이지 못하는 어미 소와 엄마를 보고도 젖을 먹지 못하는 송아지의 슬픈 울음소리가 가득한, 그야말로 처참하기 그지없는 동물착취의 현장이었던 것이다! 그래서 소젖을 짜는 광경을 본 사람들은 "차마 못 먹겠다"며 우유를 끊기도 했으니 숙종이 그랬다. 그가 한 짓을 생각하면 새삼스럽다는 기분이 안 들 수 없지만 말이다.

조영석의 그림에 그려진 사람들은 모두 남자인데, 챙이 넓은 갓을 쓰고 펄럭이는 긴 소매 옷을 입은 채 외과 수술을 하는 것마냥 젖을 짜고 있다. 아마 이 그림에서 소젖을 짜는 이들은 내의원 사람들일 것이다. 조선시대 내의원이라면 대부분 중인 신분에 어렵기 짝이 없는 의과 시험을 통과한, 나름 시대의 엘리트들이었다. 소젖은 아무나 함부로 짜는 게 아니었다.

이렇게 우유가 귀하니 그걸로 만든 음식은 얼마나 귀중했겠는가? 당연히 아무나 먹을 수 있는 것이 아니었다. 명종 때의 권신 윤원형이 몰락할 때 그의 죄 중 하나로 지목된 것이 임금에게 바쳐야 할 타락죽을 먹었다는 것이었다. 그것도 집에서 만들어 자식들과 첩(정난정)까지 함께 배불리 먹었다고! 지금은 그 대목을 읽으며 '그깟 죽 좀 먹었다고⋯⋯'라고 생각하게 되지만 앞서 말했듯 조선시대에 타락죽은 아무나 함부로 먹을 수 있는 음식이 아니었다. 물론 윤원형은 타락죽을 먹은 것보다 훨씬 더 나쁜 짓을 많이 해댔고, 그 결과 정난정과 함께 자결하게 된다. 이처럼 아무리 몸에 좋은 음식이라도 나쁜 짓을 하며 먹으면 아무 소용이 없다.

조선
왕조
실록

딸도 차례를 지냈다

추석을 맞아
후손들 얼굴 보러 내려온
(조선시대)조상신들,

어째 표정이 심각한데.

추석 ▼ [검색]

연관검색어 추석 한가위 차례상차리기 명절 명절
이혼 가정법원 근무시간 추석폐지찬성

Q. 딸은 인간도 아닌가요?

질문자 : 딸부자아빠

추석에 시골에서 차례 지내는데, 집안어른이
"기지배들이 왜 절하나?"며 제 금쪽같은 딸램들
팍 밀쳤읍니다. 대판 싸우고 나왔읍니다.

언제부터 딸을 제사/차례에서 왕따시킨거죠?

A. 답변 : 조선 시작하면서 그랬죠

답변자 : 쯧쯧

아 진짜 조선사람들 극혐ㄴ

Q. 차례상 차리다가 거지되겠어요ㅠ

질문자 : 브로큰상다리

명절때마다 거의 백씩 깨집니다ㅠ
어르신들이 "음식은 무조건 많이!!!!!"
"밥상다리 부러져야 예의다"고 혼내셔서ㅠㅠ

맨날 남겨서 냉동실에 처박는데ㅠㅠ왜죠???

A. 답변 : 조선때문입니다

답변자 : 쯧쯧

조선스타일 허례허식이죠
아 진짜 조선사람들 극혐ㄴ

> Q. 홍동백서때문에 이혼합니다ㅋㅋ
>
> 질문자 : 조율팍씨ㄴ
>
> 차례상차리기 실수했어요.
> 대추를 딱 한칸 오른쪽에 놨죠.
> 그랬다가 못배워먹었다는 소리 들었네요.
>
> 가정법원 추석 휴가중엔 안 열죠?
>
> Ⓐ 답변 : 에구ㅜㅜ
>
> 답변자 : 저런저런
>
> **속상하시죠. 조선시대 풍습때문에
> 한 가정이 파괴됐군요ㅜㅜㅜㅜㅜ
> 아 진짜 조선사람들 극혐ㄴ**

"아냐 얘들아……!
오해야ㅠㅠ!"

조상신　All you need is ♥LOVE♥

하나요 윤회봉사(輪廻奉祀)

조선시대에?

실제로 우리가
어떻게 차례를 지냈냐고?

오빠놈, 나

김꽃님
오빠

짠 잘빛었지

> 김철석
> 아 꽃이구나 이게ㅋㅋ
> 멸종된 생태계의 폭군
> 송편 사우르스 머리인줄ㅇㅇ

파씨

찌면 괜찮아진다고

그리고 오늘 주인 나거든??
컨셉좀 존중해줄래?????

> 김철석
> ㅋㅋㅋㅋㅋㅋ알았음
> 설날차례는 내꺼지만
> 추석차례는 니꺼니까ㅇㅇ!

＋   ☺ 전송

※윤회봉사 :

아들딸이 번갈아가며 제사를 맡는 것.

딸이 모두 맡는 외손봉사도 있었다.

둘이요 심플하게

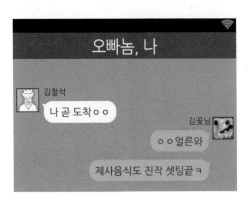

오빠놈, 나

> 김철석
> 나 곧 도착ㅇㅇ

김꽃님
ㅇㅇ얼른와

제사음식도 진작 셋팅끝ㅋ

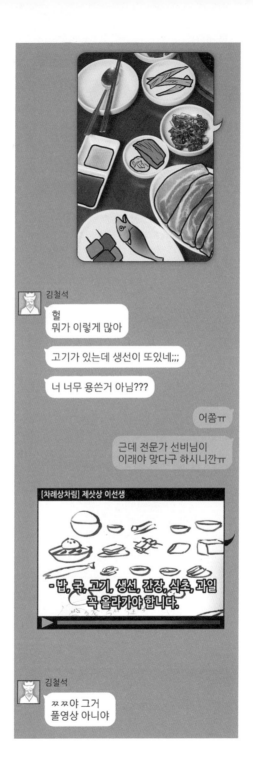

김철석

헐
뭐가 이렇게 많아

고기가 있는데 생선이 또있네;;;

너 너무 용쓴거 아님???

어쭘ㅠ

근데 전문가 선비님이
이래야 맞다구 하시니깐ㅠ

[차례상차림] 제삿상 이선생

- 밥, 국, 고기, 생선, 간장, 식초, 과일
꼭 올라가야 합니다.

김철석

쯔쯔야 그거
풀영상 아니야

율곡 이이 『격몽요결』

"제사를 지낼 땐 사랑하고
공경하면 된다.
가난하면 형편에 어울리게
병이 났다면 컨디션에 맞게
제사를 지내도록 하자."

끝으로
홍동백서, 조율이시,
어동육서, 좌포우해,
두동미서 이거는 말야ㅠㅠ

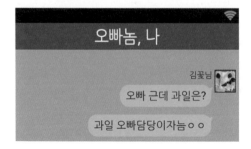

셋이요

맛있으면 ㅇㅋ

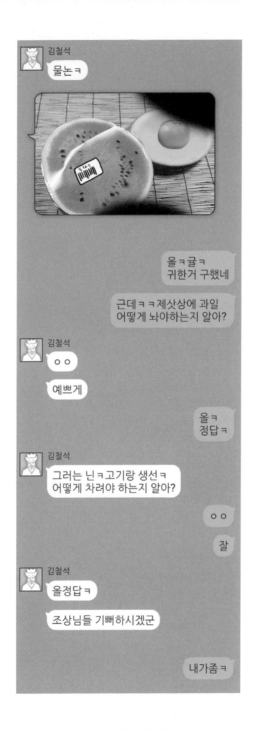

홍동백서도 없었다.
과일도 제철과일 맛있는 걸
아무거나 골라 올렸다.

그리하였다고 한다.

끝.

※송편을 예쁘게 빚으면
예쁜 아이를 얻는다고.

실록에 기록된 것

- 고려시대부터 조선 초, 중기까지 많은 집에서 딸이 제사를 함께 모시다.
- 사대부들, 중국 예법책 『주자가례』에 기록된 제사상 차림을 익히다. 1621년에 쓰여 수세대에 걸쳐 생활예법책으로 사랑받은 『상례비요』에 따르면, 제사상에는 밥, 국/국수, 고기, 꼬치, 생선, 떡/말린 음식, 나물, 간장, 젓갈, 김치/제철과일이 올라가야 한다고. 대략 불고기 정식 1인분+고등어자반+디저트.
- 그러나 이것은 제사상차림. 계절마다 지내는 '차례'는 훨씬 간소한 것으로, 집안에 따라서는 술 한 잔과 과일 두엇, 송편만 올리기도 한다고.
- 제사상에 올려야 하는 것으로 딱 정해진 메뉴는 없었다. 과일은 귤, 수박 등 무엇이든 제철 맛있는 것이면 됐다. 음식 또한 귀하고 좋은 것이면 됐기에, 얼음을 올리기도 했다.
- 홍동백서(이하생략)는 『주자가례』는 물론 당시 권위 있던 어느 예법책에도 기록되어 있지 않다. 송시열조차 "바다가 동쪽이니까 생선이 동쪽인가?" 하고 추측만 했다고 남아 있을 뿐이다.

기록에 없는 것

- 설탕은 당시 흔히 쓰이지 않았다.

해피 명절 보내시길 빕니다!

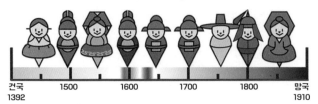

건국 1392 | 1500 | 1600 | 1700 | 1800 | 망국 1910

자식의 의무이자 권리

지금이야 명절날의 고생, 허례허식의 중심이요 가정 분란의 원인이
된 제사지만 원래는 가족들끼리 모여서 돌아가신 조상님과
부모님을 기리는 중요한 행사였다. 그 근간은 중국의 유교에
서 빌려온 것이기는 하지만 조선 특유의 문화가 워낙 굳건하
다 보니 조선만의 특별한 제사문화가 생겼다. 그것이 아들 딸 상관
않고 돌아가며 제사를 지내는 윤회봉사였다.

제사를 지내는 이유는 무엇일까? 일차적으로 후손으로서의 애정 때문이었다.
사랑하는 부모, 조부모의 영혼을 위한 의식이니 자연히 정성을 다했다. 따라서
조선시대에는 아들이건 딸이건 부모의 제사를 위해 정성껏 제수품을 준비하며
뿌듯해하곤 했다.

제사를 지내는 또 다른 이유는 돈이었다. 부모가 자식에게 유산을 물려주었기
에 자식은 그 돈으로 부모를 위해 제사를 지내는 것이다. 받은 것이 있으니까. 때
문에 제사는 후손으로서의 권리인 동시에 의무이기도 했다. 조선 초기에 딸들이
아들과 똑같이 제사를 지낼 수 있었던 가장 큰 이유는 딸도 아들과 똑같이 재산
을 물려받을 수 있었기 때문이다. 조선시대의 근간을 정리한 법전 『경국대전』을
보면 승중자, 곧 대를 이은 사람에게는 제사를 받는 봉사조奉祀條라는 명목으로
20%의 유산을 더 줄 수 있지만, 그 외에는 아들과 딸 공평하게 1씩 나누어 가졌
다. 조선 중기 율곡 이이의 재산 분배 목록표를 보면 그의 형, 동생, 누이들까지
모두 모여 집안의 재산을 골고루 나누었음을 확인할 수 있는데, 이는 곧 여자들
이 자기만의 재산을 가지고 있었음을 뜻한다.

딸로서 물려받은 재산은 나중에 결혼을 하건 말건 상관없이 자신의 온전한 재
산이었다. 당연히 마음대로 쓸 수도 있었다. 조선시대 때 물건을 거래한 장부를
보면 "누구누구의 아내에게서 무얼 샀다"라는 식으로 거래 상대가 여자인 경우
를 볼 수 있다. 딸이 제사를 지낸 것은 "나에게도 부모님에게 물려받은 돈이 있

다. 그러니 내 부모님 제사를 지내겠다"라는 맥락에서 이해할 수 있다. 신사임당이 남편 이원수 앞에서 그토록 당당했던 것도 강릉의 친정이 워낙 부자였던 이유도 있었다. 율곡 이이가 자라난 오죽헌이 바로 신사임당의 외할아버지인 이사온이 사위 신명화에게 물려준 것이었다.

아들 및 남자 자손이 없을 때도 딸이 부모의 제사를 지냈다. 그래서 세조에게 자신을 비롯한 아들들이 모두 몰살당한 성삼문은 딸이 낳은 외손자 박호가 그의 제사를 지내주었으며, 연산군도 중종반정 이후 아들들은 모두 살해당했지만 그의 딸 휘순공주가 낳은 아들 구엄이 제사를 맡았다. 그러다 보니 외손주의 외손주가 증조외조부모의 제사를 지내는 일도 있었다. 이런 풍조는 왜 바뀌었을까? 가장 큰 이유는 '귀찮아서'였다.

매번 제사 지내는 곳이 바뀌니 찾아가는 것도 일이고, 잊어버리기도 하고, 그래서 차츰 대를 이은 아들의 집에서 나무로 만든 신주를 보관하고 모든 제사를 몰아서 지내는 쪽으로 바뀌게 된다. 임진왜란과 병자호란의 여파도 큰 역할을 했다. 전쟁에 휘말려 형제자매들이 죽고 제사 순서도 꼬이고 외적들에게 두 번이나 체면이 구겨지면서 조선 사회는 성리학, 즉 유교원리주의에 목을 매게 되었고 제사는 양반으로 존재하기 위한 가장 중요한 예식이 되었다. 이러는 와중 조선 특유의 문화는 차츰 사라지고 오로지 남자만이 제사를 지내게 되었다.

제사가 아들에게 집중되며 함께 바뀐 풍조는 딸에게의 재산 분배가 적어졌다는 것이다. 제사도 지내지 않는데 왜 유산을 나눠주냐는 것. 조선 초기만 해도 결혼하면 처갓집에서 살던 풍속도 바뀌어 시가에 가서 살게 되었으니, 거리가 멀어져 딸은 제사에 참석하기도 어려워졌다.

그럼 조선 후기에 들어서서 여성의 권력이 크게 약해진 것이라고 생각할 수도 있지만, 딸과 반대로 며느리의 권력은 강해졌다. 양반가 장남의 아내 종부宗婦는 집안의 경제 경영이나 수많은 노비들의 단속, 제사를 비롯한 집안 행사의 운영을 모두 지휘해야 하는 한 집안의 CEO나 다름없었다. 제사는 분명 번거로운 일이었지만, 그 시대에는 그에 걸맞은 경제권과 권한이 주어지는 일이었다.

하지만 이 모든 이야기는 조선시대 때의 이야기이다. 이제 제사는 권력의 증거가 되기는커녕 사람들을 괴롭히는 애물단지가 되었다. 그럼에도 '할 수 없는 것'과 '하지 않는 것'에는 큰 차이가 있다. 2007년 비로소 우리나라의 호주제는 폐지되었고, 2008년 대법원에서는 여자나 혼외자식도 부모의 제사를 지낼 수 있다고 판결했으니, 수백 년 만에 마침내 여자들도 제사를 지낼 권리를 되찾은 것이다. 조선왕조실록

경종   보자보자 하니까

 노론   ㅎㄷㄷㄷ

하나요 **장희빈 복관**

어느 날…
나, 경종에게 날아온…

상소문…… 한 통.

※복관 : 지위를 돌려줌. 명예회복.

알아… 너무하지?

그래도 내 엄만데……
저렇게… 까다니…….

근데…… 이젠 익숙해.

來利報 경종 　　▼ 검색

연관검색어 뚱뚱 고자 말...더..듬....이
바보 궁궐서열_최하위 노론밥 호구킹

경종 정치인
본명 이 윤
출생 조선
소속 조선왕실
가족 어머니 장희빈
아버지 숙종
동생 연잉군

뚱뚱 고자 말...더.듬....이
바보 궁궐서열_최하위 노론밥 호구킹

호구킹

난…… 호구거든……ㅠㅠ

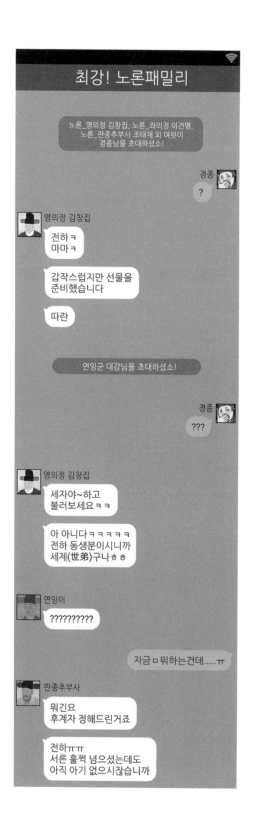

최강! 노론패밀리

노론_영의정 김창집, 노론_좌의정 이건명,
노론_판중추부사 조태채 외 여럿이
경종님을 초대하셨소!

경종
?

영의정 김창집
전하ㅋ
마마ㅋ

갑작스럽지만 선물을
준비했습니다

따란

연잉군 대감님을 초대하셨소!

경종
???

영의정 김창집
세자야~하고
불러보세요ㅋㅋ

아 아니다ㅋㅋㅋㅋㅋ
전하 동생분이시니까
세제(世弟)구나ㅎㅎ

연잉이
??????????

지금ㅁ뭐하는건데.....ㅠ

판중추부사
뭐긴요
후계자 정해드린거죠

전하ㅠㅠ
서른 훌쩍 넘으셨는데도
아직 아기 없으시잖습니까

조선왕조실톡

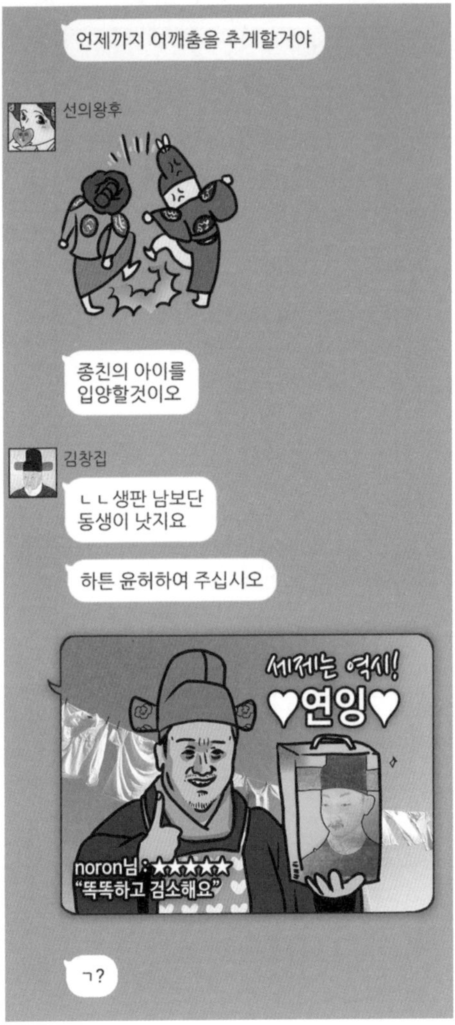

선의왕후

종친의 아이를
입양할것이오

김창집

ㄴㄴ 생판 남보단
동생이 낫지요

하튼 윤허하여 주십시오

세제는 역시!
♥연잉♥

noron님 : ★★★★★
"똑똑하고 검소해요"

ㄱ?

셋이요 목호룡의 고변

그래도…… 참았어.

나쁜 맘… 없겠지……
나랑… 조선 생각해서……
저러는 거겠지……

근데… 어제…….

서찰함

보낸사람 : 하급관료 목호룡
mok_dragon@seochal.co.js

[긴급] 역모 제보합니다 제발봐주세요

큰일났쓥ㄴ지다 전하
실제상황ㅇ입니다

평소에 전하를 깔보던ㄴ노론들이
전하를 죽이려고 하고있ㅅ습니다
제가 다들었ㅆ스비다

[1단계]
전하 수라에 독약을 탄다

[2단계]
전하를 궁ㅇ에서 쫓ㅊ아낸다

[3단계]
칼로 전하를 죾인다

조심하십시요 제발제바류ㅠㅠㅠ

!!!!!!!!!!!!!!!!

[생방송] 주상전하 기자회견 - "역모라니 충격"

경종 : 노...론들이 ...ㅇ...역...모를......
이.........일으켰다...한다......
- 취재진 : (웅성웅성)

"주상께서는 평소
지나치게 얌전하셨다."

"그래서 흉악한 무리가
전하를 업신여겼다."

"그러나 하룻밤 사이에
하늘과 땅을 뒤집듯
피의 숙청을 하시니"

"이제야 전하께서
본성을 숨기고 계셨음을 알겠도다."

#경종실록 #사관 #ㅎㄷㄷ

노론이 호랑이한테 제대로 물렸네.

호구를 호랑이 입전(虎口) 이라고 쓰는 거 알아?

- 경종, 즉위하고서도 소심한 행보를 보이다.
- 노론, 그런 경종을 무시하다. 경종의 친어머니 장희빈을 복관시키자는 상소가 올라오자, 임금의 면전에서 "이런 사악한 상소를 쓰다니 처벌해야 한다"며 면박을 주다. 결국 상소를 쓴 유생, 죽다.
- 노론, 날치기로 연잉군을 세제로 정하다. 경종에게 책봉을 강요하다.
- 노론, 심지어 "전하께서 몸이 약하시니 세제께 대리청정을 맡기시라"고 청하다. 결국 무산되다.
- 목호룡, 노론이 역모를 꾀하고 있다고 고변하다. 경종, 60여 명을 처형하고 백여 명을 유배 보내다.
- 역모에 연잉군의 처남도 가담하다. 연잉군, 공범으로 찍혔으나 경종, 동생을 끝까지 보호하다.

- 빨래세제는 없었다.

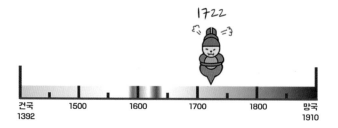

1722

건국 1392   1500   1600   1700   1800   망국 1910

- 스물아홉 번째 이야기 -
소론의 왕, 노론의 왕자

야사에 따르면 장희빈이 사약을 받는 날 열네 살의 세자는 대신들에게 애원했다고 한다. 제발 어머니를 살려 달라고. 당시 영의정이던 최석정崔錫鼎은 "신이 감히 죽기로 저하邸下의 은혜를 갚지 않겠습니까"라고 대답했고, 좌의정 이세백李世白은 세자가 옷자락을 붙잡고 매달렸건만 외면해 버렸다고 한다.

실제 역사적 사실을 살피자면 장희빈이 죽는 날 세자는 인현왕후의 빈소를 지키고 있었기에 대신들을 만나 애원을 할 시간도 없었을 것이다. 그렇지만 이 일화는 세자를 둘러싼 당파들의 입장을 여실히 보여주고 있다. 최석정은 소론이고 이세백은 노론이었다. 소론은 세자, 즉 경종의 편을 들어주었고 그의 지지 세력이 되어주었으며, 그의 통치를 함께했다.

소론과 노론은 원래는 같은 서인이었으나 숙종 때문에 갈라진다. 1680년(숙종 6), 숙종은 남인들을 싹쓸이하고 서인들에게 정권을 넘겨준다. 이때 서인들은 몇 년 전 2차 예송논쟁으로 인해 남인들에게 원한을 품고 있었다. 지난번에 당했던 일의 복수를 할 것인가, 말 것인가? 이 문제를 놓고 서인 내부에서 파벌이 갈렸다.

소론은 박세채를 중심으로 젊고 활기차고 혈기왕성한 사람들이 모였고, 노론은 대체로 송시열을 비롯해 나이가 많고 신중한 사람들이 모였다. 괜히 노老, 소少로 나누어 부르는 것이 아니다. 여기에 송시열 VS. 윤증의 싸움이 엮이면서 노론과 소론의 골은 더욱 깊어졌다. 원래 스승과 제자였던 두 사람은 송시열의 꼰대 성향과 윤증의 격렬한 성격이 부딪히며 갈라지게 되는데, 이들의 다툼은 조선 사상계의 대형 폭탄으로까지 이어졌다. 그러자 숙종이 참견을 해서 늘 그렇듯 오락가락하다가 결국 노론의 손을 들어주게 되었다. 이걸 병신처분丙申處分이라고 하는데, 그 덕분에 노론이 권력을 잡고 소론의 기세가 꺾이게 된다.

앞서 세자였던 경종과의 야사에서 그랬던 것처럼 소론은 원래 장희빈에게 호의적이었다. "그래도 한때 왕비였는데 어느 정도 대접을 해줘야 하지 않겠느냐"라는 것이 소론의 일관적인 주장이었고, 그래서 남인들이 죄다 숙청되고 난 뒤 경종에게 그나마 바람막이가 되어주었다. 그런데 이 소론은 소수였고 대세는 노론이었다.

노론은 세자가 아닌 연잉군을 지지했다. 연잉군의 어머니 숙빈 최씨는 양반은 커녕 양인도 아닌 천민 출신이었고, 그러다 보니 뒤를 봐줄 세력이 필요해 인현왕후의 편이 되었으며 자연스레 노론의 후원을 받게 되었다. 이런 상황에 숙종의 장성한 아들이 세자와 연잉군 단 둘만 남게 되니 정국은 자연스레 세자 VS. 연잉군이 되었다. 당연히 노론은 자신이 미는 연잉군을 왕으로 삼고 싶었지만 그렇다고 아무 명분도 없이 세자를 교체할 수는 없었다.

그러던 중 세자의 대리청정이 시작되었다. 신하들은 세자가 너무 자기 의견을 보이지 않고 답답하다며 불만을 터뜨렸지만, 그렇다고 세자가 큰 실수를 저지르지도 않았다. 이는 세자가 틈을 보이지 않으려 안간힘을 쓴 결과로, 딱 한 번 승지들에게 불같이 화를 내며 모두 국문하라고 호통을 친 적이 있었다. 그때를 제외하면 세자는 항상 조용하고 신중했고, 적을 만들지 않기 위해 애쓰며 조심조심 입지를 굳혀갔다.

1720년 숙종이 세상을 떠난 뒤 세자는 마침내 왕이 되지만 이것으로 끝난 게 아니었다. 노론은 경종이 왕이 된 지 1년 만에 연잉군을 세제世弟로 삼을 것을 주장했다. 경종은 세자 시절부터 "자식을 가질 수 없다"는 말을 공공연히 들어왔고, 약을 먹으며 치료를 받을 정도였지만 별다른 효과가 없었다. 그래서 노론은 연잉군을 세제로 삼게 하고, 여기에 한 발 더 나아가 대리청정까지 시키려 들었다. 하지만 과욕은 화를 부른다는 말대로, 소론은 "해도 해도 너무하잖아! 왕을 무시해도 정도가 있지!"라며 노론을 공격했다. 경종은 기다렸다는 듯이 소론의 주장에 손을 들어주었고, 이이명을 비롯한 노론의 4대신들을 모두 귀양 보내고 노론의 인물들을 축출해 냈다.

이렇게 되자 숨죽이고 사는 사람은 세제 연잉군이 되었다. 연잉군은 자긴 억울하다며 정면 돌파를 했고 이것이 한 번은 먹혔지만 목호룡의 고변이 터지고 나서는 그럴 수도 없게 되었다. 노론의 잔당들이 어떻게든 경종을 암살하고 연잉군을 왕으로 세우려던 음모가 들통 난 것인데, 아주 구체적인 계획은 없었지만 노론들이 불만을 가지고 불온한 말을 떠든 것은 사실이었다. 게다가 연잉군의 처가 식구들이 연루되어 있었으며, 심지어 연잉군 자신마저 이 사실을 알고 있었다.

이 정도라면 옥사를 일으키기에 충분한 사건이었고, 실제로 노론 4대신을 비롯한 많은 노론들이 죽임당했다. 다음 차례는 연잉군이었다. 소론 역시 연잉군의 죽음을 원했지만 경종은 그러지 않았다. 연잉군이 예뻐서 그랬을 리는 없고, 오직 하나 남은 형제이고 또 어디서 알 수 없는 사람을 후계자로 들이느니 미우나 고우나 그래도 동생을 다음 왕으로 지목하는 게 낫다고 생각했던 것 같다. 개인적인 원한이나 미움보다는 나라의 앞일을 생각했다는 뜻이니, 경종의 그릇이 그 아버지보다는 훨씬 나은 것이라 하겠다.

웹툰 〈조선왕조실톡〉 Staff

기획/총괄프로듀서 | 윤인완
글/그림 | 무적핑크

YLAB
프로듀서 | 윤인완
제작총괄 | 윤지영 심준경
책임편집 | 성미나
디자인편집 | 정윤하
도움 | 오세정 이수지 박지우 류아진

NAVER
책임총괄 | 김준구
담당편집 | 이승훈

온라인 배급 | NAVER WEBTOON
제작 | YLAB

5 두 명의 왕비

초판 1쇄 발행 2016년 12월 23일 **초판 21쇄 발행** 2024년 11월 11일

지은이 무적핑크
펴낸이 최순영

출판1 본부장 한수미
컬처 팀장 박혜미
기획 YLAB
해설 이한
디자인 designgroup all

펴낸곳 ㈜위즈덤하우스 **출판등록** 2000년 5월 23일 제13-1071호
주소 서울특별시 마포구 양화로 19 합정오피스빌딩 17층
전화 02) 2179-5600 **홈페이지** www.wisdomhouse.co.kr

ⓒ 변지민·와이랩 주식회사, 2016
「머리말」「실록 돋보기」ⓒ이한, 2016

ISBN 979-11-86940-17-4 04910
　　　979-11-954340-6-0 (세트)

• 이 책의 전부 또는 일부 내용을 재사용하려면 반드시 사전에 저작권자와
　㈜위즈덤하우스의 동의를 받아야 합니다.
• 인쇄 ·제작 및 유통상의 파본 도서는 구입하신 서점에서 바꿔드립니다.
• 책값은 뒤표지에 있습니다.